DEMOKRATIE LEBEN. Aspekte zur Entwicklung einer pädagogischen Konzeption zur systematischen Förderung demokratischen Lernens

2., aktualisierte Auflage 2024

Hans E. Gerr

Bibliografische Information der Deutschen Nationalbibliothek:

Die Deutsche Nationalbibliothek verzeichnet diese Publikation in der Deutschen Nationalbibliografie; detaillierte bibliografische Daten sind im Internet über http://dnb.d-nb.de abrufbar.

ISBN: 9783668072923
Dieses Buch ist auch als E-Book erhältlich.

Coverbild: HelgaLin @Shutterstock.com

© GRIN Publishing GmbH
Trappentreustraße 1
80339 München

Druck und Bindung: Books on Demand GmbH, Norderstedt Germany
Gedruckt auf säurefreiem Papier aus verantwortungsvollen Quellen

Das vorliegende Werk wurde sorgfältig erarbeitet. Dennoch übernehmen Autoren und Verlag für die Richtigkeit von Angaben, Hinweisen, Links und Ratschlägen sowie eventuelle Druckfehler keine Haftung.

Das Buch bei GRIN: https://www.grin.com/document/308797

Hans E. Gerr

DEMOKRATIE LEBEN

Aspekte zur Entwicklung einer pädagogischen Konzeption zur systematischen Förderung demokratischen Lernens

2., aktualisierte Auflage 2024

„Gelebte Demokratie
zeigt sich in einer aktiven Mitverantwortung
für die Menschen und die Mitwelt."

Hans E. Gerr

Inhalt

Vorwort

Im Jahr 2024 beginnt der Prozess gegen eine Gruppe von „Reichsbürgern" um Prinz Reuß wegen mutmaßlicher Umsturzpläne.[1] In einer repräsentativen Studie „Jugend in Deutschland 2024" der Jugendforscher **Kilian Hampel** und **Klaus Hurrelmann** wurde ein deutlicher Rechtsruck bei der jungen Generation festgestellt.[2] Bei einer Kundgebung der extremistisch eingestellten Gruppe „Muslim interaktiv" am 28. April 2024 in Hamburg waren Rufe „Stoppt die Wertediktatur" zu hören und auf Plakaten „Kalifat ist die Lösung" zu lesen.[3] Nach einer von der Robert Bosch Stiftung in Auftrag gegebenen Umfrage, bei der 1608 Lehrkräfte befragt wurden, wird physische und psychische Gewalt an Schulen als Problem angesehen.[4]

Diese wenigen Beispiele zeigen, dass unsere „freiheitlich demokratische Grundordnung" Bedrohungen ausgesetzt ist. Um das Ziel eines friedlichen und demokratischen Zusammenlebens in unserer Gesellschaft zu erreichen, ist eine systematische Förderung demokratischen Lernens unerlässlich. Dies bedeutet in pädagogischer Hinsicht eine große Herausforderung im Bildungs- und Erziehungswesen.

Als ein Weg zur Stärkung der Demokratie bietet sich an, an einem Nachmittag an öffentlichen Schulen einen **„Inklusionstag"** („Inclusion Day"), an dem alle örtlichen Schulen beteiligt sind, einzuführen. An diesen Tagen des Schullebens, die frei von Hausaufgaben sein müssen, sollten Schülerinnen und Schülern hoch motivierende Aktivitäten wie Spiel- und Sportveranstaltungen, Abenteuerunternehmungen, interkulturelle Feste, Workshops und Projekte ermöglicht werden, bei denen Demokratie gelebt werden kann.

In dieser Schrift werden Aspekte zur Entwicklung eines pädagogischen Handlungsmodells mit offenem Charakter zur Förderung des „Lebens von Demokratie" in knapper Form dargestellt; es werden Kompetenzen für das **Leben von Demokratie**, Erziehungsgrundsätze wie das Erfahrungslernen und eine bedürfnisorientierte Programmgestaltung skizziert sowie Gesichtspunkte zur Praxis demokratischen Lernens wie die Orientierung an demokratischen Werten und Normen beim Handeln thematisiert.

---

[1] Internetquelle: https://www.**tagesschau**.de/inland/gesellschaft/prozess-gruppe-reuss-100.hzml
[2] Internetquelle: https://**taz**.de/studie/!5009090/
[3] Internetquelle: https://www.**zdf**.de/nachrichten/politik/deutschland/islamisten-demo-hamburg-kalifat-100.html
[4] Internetquelle: https://www.**tagesschau**.de/inland/schulbarometer-2024-lehrkraefte-schule-befragung-robert-bosch-stiftung-gewalt-100.html

Einleitende Gedanken zur Thematik

Eine systematische Förderung der **Demokratiefähigkeit an** den öffentlichen Schulen und in Bildungsinstitutionen (vom Kindergarten bis zur Hochschule) ergibt sich aus der gesellschaftlichen Situation, die im Jubiläumsjahr des Grundgesetzes (75 Jahre) eine Steigerung der Gefährdung der Demokratie erkennen lässt.

Zwar hat es schon immer Einbruchs- oder Gewaltdelikte gegeben, die Häufigkeit und die Brutalität, mit der **personale Gewalt** heute ausgeübt wird, hat aber insgesamt zugenommen. Auch Amts- und Mandatsträger sind zunehmend einer Gewalt und Aggressionen ausgesetzt. Daneben existiert in unserer Gesellschaft auch ein „**strukturelle Gewalt**" (Galtung), die unter anderem durch eine Unterdrückung von Minderheiten, durch Armut und ökonomische Abhängigkeit, durch eine „Ausbeutung von Ressourcen oder durch eine Zerstörung der natürlichen Lebensgrundlagen" (vgl. Gerr 2000, S. 101) gekennzeichnet ist.

Menschenrechtsverletzungen finden heute täglich in unserem gesellschaftlichen Leben statt. In jüngster Zeit sind es vor allem rechtsextremistische Aktivitäten – sie sind häufig auch antisemitisch motiviert – sowie linksradikale Gewalttaten, die eine Bedrohung darstellen; der **Terror islamistischer Fundamentalisten** in den europäischen Staaten stellt heute eine reale Bedrohung dar.

Es sind aber auch Tendenzen erkennbar, dass durch die Politik selbst eine Gefährdung der freiheitlich-demokratischen Rechtsordnung ausgeht, so beispielsweise durch **Einschränkung der Persönlichkeitsrechte** und durch eine systematische Speicherung privater Daten. Ebenso wird die Demokratie durch eine lückenlose Überwachung der globalen Kommunikation durch deutsche oder andere Geheimdienste (NSA etc.) gefährdet.

Eine weitere Gefährung der Demokratie kann sich auch durch die **Migrationsbewegungen**, die ein globales Phänomen sind, ergeben. Flüchtlingsströme aus Ländern wie Syrien, Pakistan, Afghanistan, Eritrea, Somalia oder dem Nordirak nach Europa haben vor allem seit 2015 zugenommen. Im April 2024 zählten zu den Antragstellern auf ein Bleiberecht in Deutschland vor allem Menschen aus Syrien (32 %), Afghanistan (16,5 %) und der Türkei mit 11,2 Prozent (vgl. BAMF 2024, S. 9). Das bedeutet für die Bundesrepublik Deutschland, dass sich der Anteil muslimischer Bürger in den nächsten Jahren erhöhen wird.

Eine säkulare Auffassung von Glaubensfragen besitzen Muslime nicht immer. Koran und Sunna regeln für viele gläubige Muslime Rechte und Pflichten und bilden bei manchen Muslimen auch die Grundlage für bestimmte Verhaltensregeln. Bei orthodoxer islamischer Sichtweise wird eine Trennung von privatem und religiösem Leben oft nicht gesehen; **radikale Islamisten** leiten Menschenrechte von der **Scharia** ab; diese wird von ihnen als göttliche Ordnung gesehen und bildet die Lebensgrundlage für sie.

Selbst bei relativ liberaler Einstellung kann es zu Konflikten bezüglich der Rechtsauffassung (beispielsweise im Hinblick auf die Rechte der Frau im demokratischen Rechtsstaat und der im Islam) kommen.

Eine Gefahr für die Demokratie geht auch von links- und rechtsextremistischen Gruppen aus. Im Jahr 2022 hat Bundesinnenministerin **Nancy Faeser** einen „Aktionsplan gegen den Rechtsextremismus" vorgestellt, der dem Schutz der Demokratie dienen soll. Neben Maßnahmen wie dem „Austrocknen von Finanzquellen rechtsextremistischer Netzwerke", der „Bekämpfung" des Hasses „im Netz", der „Entfernung von Verfassungsfeinden aus dem öffentlichen Dienst", der „Zerschlagung von rechtsextremen Netzwerken" oder dem „Entgegentreten von Antisemitismus" enthält der Aktionsplan auch Strategien zur „**Stärkung der Demokratie**".[5]

Mit der Verwirklichung der Konzeption „DEMOKRATIE LEBEN" an den öffentlichen Schulen wird ein ähnliches Ziel für den schulischen Bereich verfolgt.

Das in der BRD geltende Verfassungsrecht sowie die Grundprinzipien demokratischer Ordnungs- und Wertvorstellungen dürfen nicht, wie von bestimmten Bevölkerungsgruppen gefordert, vom islamischen Recht (Scharia) abgelöst werden. Die „**freiheitliche demokratische Grundordnung**" (fdGO) muss von allen Bürgerinnen und Bürgern, unabhängig von ihrem Glauben oder kulturellen Lebensgewohnheiten, die Basis für das Zusammenleben in der Gesellschaft bleiben.

„Toleranz" als demokratischer Wert hat deshalb da seine Grenzen, wo wegen religiöser Auffassung Grundrechte wie die Gleichberechtigung von Mann und Frau verletzt werden.

---

[5] Internetquelle (Bundesministerium des Innern und für Heimat):
https://www.bmi.bund.de/SharedDocs/schwerpunkte/DE/gegen-rechtsextremismus/artikel-massnahmen-gegen-rex.html

Integrationshilfen dürfen sich deshalb nicht nur auf die Förderung von Deutschkenntnissen, auf die Schaffung von Wohnraum oder auf die berufliche Ausbildung und Eingliederung beschränken. Will man das Entstehen von Parallelgesellschaften verhindern, so ist eine **soziale Integration aller Menschen in unser demokratisches Gemeinwesen** von fundamentaler Bedeutung.

Die wenigen, hier aufgeführten Aspekte weisen bereits auf eine Notwendigkeit verstärkter pädagogischer Anstrengungen bezüglich einer systematischen Förderung demokratischer Lernprozesse an den öffentlichen Schulen hin.

Will man in der Bundesrepublik Deutschland und auch in Europa den Fortbestand der Demokratie nicht aufs Spiel setzen, so muss mit der Bewältigung dieser wichtiger Aufgaben unverzüglich begonnen werden. Gerade in der heutigen Zeit ist die „Wehrhaftigkeit" des demokratischen Gemeinwesens gefragt.

Für das Erziehungssystem bedeutet das, dass an den öffentlichen Schulen und Erziehungseinrichtungen eine systematische Förderung demokratischen Lernens zur Leitlinie allen pädagogischen Handelns erhoben werden muss.

In dieser Schrift sollen Gesichtspunkte für das Entwickeln einer geeigneten pädagogischen Konzeption zur Förderung demokratischer Lernprozesse an den öffentlichen Schulen und Erziehungsinstitutionen aufgezeigt werden.

In einem herkömmlichen Unterricht mit seinen meist fachlich orientierten Lerninhalten und festgelegten Lernpensen kann man zwar durch eine entsprechende didaktische Gestaltung der Unterrichtsarbeit demokratisches Lernen anregen, eine gezielte systematische Förderung der Schülerinnen und Schüler zu einem Handeln, das sich an demokratischen Werten und Normen orientiert, dürfte aber meist nur ansatzweise gelingen, zumal ein pädagogischer Freiraum nicht von allen Lehrkräften genutzt wird. In den weiterführenden Schulen steht ein solcher Freiraum wegen der zu bewältigenden Stofffülle in der Praxis nicht immer zur Verfügung.

Als möglicher Weg würde sich anbieten, einen wöchentlich stattfindenden „**Tag des Schullebens**" an allen öffentlichen Schulen einzuführen, an dem im Mittelpunkt der gemeinsamen Unternehmungen das „**Leben von Demokratie**" steht.

Dieser Tag könnte auch als **Inklusionstag** (Inclusion day)[6] für die Eingliederung der Kinder und Jugendlichen aus den Flüchtlingsfamilien in das demokratische Gemeinwesen von Bedeutung sein. Gleichzeitig könnten auch Erfahrungen mit dem gemeinsamen Lernen von Kindern und Jugendlichen mit und ohne Behinderungen gewonnen werden: Welche methodisch-didaktischen Konzepte sind hilfreich, um den unterschiedlichen Lern- und Leistungsvoraussetzungen gerecht zu werden etc.; dies könnte einen Schritt zur Umsetzung des Zieles einer „Teilhabe von Menschen mit Behinderungen" im Bildungswesen, die durch die Ratifizierung der BRD im Jahr 2009 rechtsverbindlich ist, bedeuten.[7] Um die Erfahrungen verwerten zu können, wäre eine **wissenschaftliche Begleitung des Projektes** von Vorteil.

Unter anderem bieten sich Workshops zu verschiedenen Bereichen, Spielnachmittage, sportliche Aktivitäten, abenteuerliche Unternehmungen, Geländespiele und Erkundungswanderungen, kreatives Gestalten, Singen und Musizieren, Werkarbeiten, soziale Projekte oder selbst gestaltete Feiern und interkulturelle Feste an.

Größere Aktionen könnten (mit einer Einverständniserklärung der Eltern und mit entsprechender Absicherung einer Gemeindeversicherung) an einigen Wochenenden stattfinden.

Die Teilnahme am „**Inklusionstag**" sollte für alle Schülerinnen und Schüler Teil des Unterrichts sein, wobei eine freie Wahl von Aktivitäten ermöglicht werden sollte. Die Programme (Inhalte), die nicht von den Erwachsenen vorgegeben, sondern gemeinsam mit den Kindern und Jugendlichen zu entwickeln sind, sollten sich an den altersspezifischen Interessen und Bedürfnissen orientieren. Damit wird gewährleistet, dass durch die große Attraktivität der Unternehmungen alle zur aktiven Beteiligung motiviert werden.

---

[6] **Der in der 1. Auflage 2015 verwendete Begriff „Integrated Day" bezeichnete ursprünglich ein Modell freien Lernens an englischen Primarschulen (vgl. Knörzer/Grass 1998, S. 145).**

[7] **Internetquelle (Kultusministerkonferenz): https://www.kmk.org/themen/allgemeinbildende-schulen/inklusion.html**

Die Freude und der Spaß am gemeinsamen Tun sollte für Schülerinnen und Schüler im Mittelpunkt dieser Tage stehen; den pädagogisch Verantwortlichen kommt die methodische Aufgabe zu, die Tage so zu gestalten, dass das **Leben und Erleben von demokratischen Werten** ermöglicht wird.

Eine ehrenamtliche Mithilfe, beispielsweise von Übungsleitern örtlicher Sportvereine, Jugendleiterinnen und Jugendleitern von kirchlichen und freien Jugendverbänden oder interessierten Eltern, könnte für die Entwicklung eines solchen pädagogischen Modells und für die praktische Umsetzung des „Inclusion Day" eine Hilfe bedeuten. Bei einer ehrenamtlicher Tätigkeit wäre eine theoretische und praktische Schulung der Helfer von großer Bedeutung; auch eine Fortbildung von Lehrerinnen und Lehrern wäre sinnvoll.

Unter anderem müssen Qualifikationen in relevanten Bereichen wie der Spielpädagogik oder der Durchführung von Projekten, die sich besonders gut für die Förderung sozialer und demokratischer Lernprozesse eignen, erworben oder erweitert werden.

Die Förderung der „**Demokratie als Lebensform**" (Dewey) bleibt eine ständige erzieherische Herausforderung. Will man antidemokratischen Tendenzen in den politischen, wirtschaftlichen und gesellschaftlichen Bereichen begegnen, so ist neben politischen und anderen Aufgaben auch ein permanentes pädagogisches Handeln dringend erforderlich.

Schulische Lernbereiche können beim Inklusionstag integriert werden. Beispielsweise lernen in- und ausländische Schülerinnen und Schüler oder Kinder und Jugendliche mit und ohne Behinderungen „Deutsch" bei einem Theaterprojekt. Beim Lernen einer Sprache hat sich das „Versprachlichen" von Handlungen als besonders effizient erwiesen. Mit der Durchführung des Inklusionstages geht keine Zeit für schulisches Lernen verloren.

Da beim gemeinsamen Lernen am wöchentlichen Inklusionstag vor allem ein projektorientiertes Handeln, das ein **Erfahrungslernen bewirkt**, im Vordergrund steht, wird eine **hohe Qualität der Lernprozesse** erreicht. Die Erfahrungen können auch positive Auswirkungen auf die Qualität des Unterrichts haben. Der Inklusionstag würde eine Bereicherung für das Schulleben bedeuten.

In dieser Schrift soll kein fertiges Konzept vorgestellt, sondern Anregungen für die Entwicklung eines offenen Modells gegeben werden.

9

1. Zum Begriff „Demokratie"

Der Begriff „Demokratie" kann unterschiedlich interpretiert werden. Vor dem Eingehen auf Aspekte zur Entwicklung einer pädagogischen Konzeption zur systematischen Förderung demokratischer Lernprozesse an den öffentlichen Schulen und Erziehungsinstitutionen ist deshalb eine terminologische Klärung von Bedeutung. Weiterhin ist die Frage zu stellen, was demokratische Werte sind, an denen man sich beim **Leben von Demokratie** orientieren kann.

1.1 Demokratie als Staatsform

Der Terminus „**Demokratie**" wird im Allgemeinen in Verbindung mit einer **Staatsform** gebracht. Der aus dem Griechischen stammende Begriff setzt sich aus „démos" („Volk") und „kratia" („Herrschaft") zusammen und bedeutet „Volksherrschaft". Im antiken Griechenland bezeichnete der Begriff die „direkte Volksherrschaft", wobei nur die Männer das Privileg besaßen, an den Volksversammlungen teilnehmen zu dürfen.

Heute wird der Terminus „Demokratie" vor allem als Sammelbegriff für Herrschaftsformen wie „**direkte**" oder „**repräsentative**" Demokratie benutzt. In diesem Sinne will „Demokratie" verdeutlichen, dass die Staatsgewalt unmittelbar oder mittelbar vom Volk ausgeübt wird.

Grundlegende Bedeutung für die Entwicklung der modernen Demokratien hatten die Lehren **Jean Jacques Rousseau**s (1712 – 1778). In Genf geboren, war er nicht nur ein sehr bekannter Schriftsteller, Naturforscher, Komponist, Pädagoge und Philosoph in der Zeit der Aufklärung, der mit seiner Forderung „**Zurück zur Natur**" und mit seinem weltweit bekannten Erziehungswerk „**Émile oder Über die Erziehung**" (1762) die zeitgenössische Kindererziehung revolutionierte.

Er setzte sich auch kritisch mit der gesellschaftlichen Situation auseinander und wurde mit seinem Werk über den „**Gesellschaftsvertrag**" zu einem Wegbereiter der modernen Demokratie.

In seinem im Jahre 1762 in Amsterdam erschienenen Werk „**Du contrat social ou Principes du droit politique**" („Vom Gesellschaftsvertrag oder Prinzipien des Staatsrechts") entwickelte Rousseau eine Lehre von der **Volkssouveränität.** Er stellte den Gemeinwillen (**volonté générale**) als Recht gegenüber einem absolutistischen Staat heraus. Damit wurde Rousseau zum geistigen Wegbereiter der Französischen Revolution. Der Staat wird als „**Gesellschaftsvertrag**", der von freien Bürgern geschlossen wird, aufgefasst; im „**contrat social**" vollzieht sich die freiwillige Vereinigung der Einzelwillen zu einem Gesamtwillen. Rousseau fordert eine Verfassung, in der die „natürliche und unveräußerliche Freiheit" in Einklang mit Ausübung staatlicher Gewalt zu bringen ist (vgl. **Rousseau** 1977, S. 17 ff.).

Auf der von Rousseau entwickelten Lehre von der „Volkssouveränität" gründet sich auch die gegenwärtige Legitimation von allgemeinen Wahlen und Volksentscheiden. Aus diesem Recht kann der demokratische Grundsatz einer „Herrschaft der Mehrheit" des Gemeinwesens abgeleitet werden. In der Bundesrepublik Deutschland hat man sich nicht für eine unmittelbare, sondern für eine repräsentative, parlamentarische Demokratie entschieden. Die demokratische Ordnung ist im **Grundgesetz** (GG) verankert.

1.2 Zum Demokratiebegriff in der Erziehungswissenschaft

Der Terminus „**Demokratie**" kann aber nicht nur im Sinne einer Staatsform, sondern auch als **pädagogischer Fachbegriff** interpretiert und verwendet werden.

So benutzt **John Dewey (1859-1952)**, der wohl wichtigste Vertreter des philosophischen Pragmatismus, in seinem Hauptwerk „**Demokratie und Erziehung**" (1916) den Begriff im pädagogischen Sinne. Im Vorwort zur deutschsprachigen Ausgabe von 1993 bezeichnet **Jürgen Oelkers** diese wichtige Schrift im Hinblick auf eine Überwindung von „totalitären Ansätzen der Pädagogik" als ein „Schlüsselwerk der internationalen Reformpädagogik" (vgl. S. 3 f.). Die Bedeutung dieses wegweisenden Werkes wurde in Deutschland über lange Zeit kaum wahrgenommen.

Die Termini „Erziehung" und „Demokratie" sind in der philosophischen Pädagogik John Deweys – im Gegensatz zur traditionellen Pädagogik – aufeinander bezogen.

11

Dewey rückt ab von den platonischen Grundlagen einer idealistischen Pädagogik, die durch Festlegung von verbindlichen Erziehungszielen den Heranwachsenden in eine Richtung steuern will, die staats- bzw. gesellschaftskonform ist.

In seinem „Nachwort zur Neuausgabe" von „Demokratie und Erziehung" (1993, S. 503) schreibt **Jürgen Oelkers** zu John Deweys „pädagogischer Wendung": „Die Idee ist, ‚Erziehung' als **demokratische Erfahrung** zu begründen, wie andererseits ‚Demokratie' als Medium der Erziehungserfahrung zu verstehen. Erziehung ist nicht Funktion oder Instrument der Politik, sondern sie verwirklicht sich als Demokratie. Dabei sind Schulen embryonale Orte der Gesellschaft, nicht Anstalten des Staates."

„**Demokratie**" wird von Dewey also nicht als „Regierungsform", sondern als „**Form des Zusammenlebens**" interpretiert (Dewey 1916). Für Dewey ist erst in einer demokratischen Umgebung Erziehung möglich, was sich für ihn in der Schule in der „Mitbestimmung der Schüler" zeigt (vgl. Bohnsack 1979, S. 93f.). Auch das „**pädagogische Begleiten**" [8] ist seiner „Grundtendenz nach ein demokratisches Geschehen" und zeigt sich in der Achtung der pädagogischen Begleiterinnen und Begleiter (Lehrerinnen und Lehrer) vor der Individualität der Kinder und Jugendlichen (vgl. Gerr 1998, S. 71). Weil Lernen immer auch „Wahrnehmungslernen" (Tausch/Tausch) bedeutet , ist der demokratische Erziehungsstil der angemessene.

„**Erziehung**" sieht Dewey als „**Höherentwicklung des Individuums**" (heute wird der Begriff „**Persönlichkeitsförderung**" verwendet). „**Demokratie**" wird von ihm als „**Höherentwicklung der sozialen Umwelt**" umschrieben (vgl. Hänsel 1986, S. 32).

1.3 Demokratische Werte [9]

Als zentralen **demokratischen Wert** kann man das „**Leben**" ansehen; von ihm können alle weiteren demokratischen Werte und damit auch Normen (Verhaltensregeln) abgeleitet werden (vgl. Gerr 1998, S. 60).

---

[8] Bei der kritischen Auseinandersetzung mit dem in der Jugendbewegung praktizierten „Führer-Gefolgschafts-Verhältnis" und mit Theodor Litts Schrift „Führen oder Wachsenlassen" (1967) bezeichnet Hans E. Gerr erstmals die „pädagogische Tätigkeit" als „Begleiten"; dabei wird Kindern und Jugendlichen „bei der Anregung zu einem gemeinsamen und verantwortungsbewussten Handeln das für die Persönlichkeitsförderung notwendige Sammeln von authentischen Erfahrungen ermöglicht" (vgl. Gerr 1998, S. 70 f.). Der Begriff „pädagogisches Begleiten" fand dann voraussichtlich über Jugendverbände Eingang in die Pädagogik, und es hat sich auch der Terminus „Lernbegleiter" etabliert.

Demokratisches Zusammenleben im zwischenmenschlichen Bereich zeigt sich in einem respektvollen Umgang mit dem Anderen. Die „**Würde des Menschen**" ist in der Bundesrepublik Deutschland als Grundrecht in Artikel 1 des Grundgesetzes vom 23. Mai 1949 verankert; dies zeigt, dass „Demokratie" als Regierungsform und als Lebensform übereinstimmende Ziele haben sollten, was sowohl in der gesellschaftlichen als auch politischen Realität nicht immer der Fall ist.

Auch in der internationalen Völkergemeinschaft existieren Vereinbarungen in humanitärer Hinsicht. In der Generalversammlung der Vereinten Nationen (UNO) wurde am 10. Dezember 1948 eine Resolution zu den Menschenrechten erlassen, in der sich die Mitgliedsstaaten zur Einhaltung verpflichtet haben. Zu diesen Rechten zählen beispielsweise die „**Würde des Menschen**" (Art. 1) und das Recht auf „**Leben, Freiheit und Sicherheit der Person**" (Art. 3), aber z. B. auch das Recht auf „soziale Sicherheit" (Art. 22) und auf „gerechte Entlohnung (…), die „eine der menschlichen Würde entsprechende Existenz sichert" (Art. 23) – (vgl. UNO A/RES/217 A III – Allgemeine Erklärung der Menschenrechte v. 10.12.1948!).

Trotz dieser verbindlichen Vereinbarung finden gegenwärtig permanent Menschenrechtsverletzungen in vielen Staaten statt.

Aus der Anerkennung des Lebens als Wert ergeben sich im Hinblick auf ein ethisches Handeln in Politik und Gesellschaft Aufgaben wie der Einsatz für **soziale Gerechtigkeit** und **Frieden, Achtung der Menschenwürde** in allen Lebensbereichen, weltweite Verständigung und Toleranz, Entwicklungshilfe und Maßnahmen gegen den Hunger und das Elend auf der Welt.

Demokratische Werte beziehen sich nicht nur auf den zwischenmenschlichen Bereich. Wenn das „Leben" als der zentrale Wert angesehen wird, so ist bei einem wertorientierten Handeln beispielsweise auch der Schutz der lebenden Mitwelt zu berücksichtigen.

Zweckrationale Aspekte wie z. B. der Schutz der Regenwälder wegen negativer existenzieller Auswirkungen bezüglich einer drohenden Klimaveränderung oder der Schutz der Wälder aus ökonomischen Gründen entsprechen einer anthropozentrischen Sichtweise, bei der der Schutz der lebenden Mitwelt vor allem unter Nützlichkeitserwägungen erfolgt. Eine solche, häufig in Politik und Gesellschaft vertretene Auffassung verstellt den Blick für die Tatsache, dass das Leben einen absoluten Wert besitzt (vgl. Gerr 1998, S. 60).

Tiere gelten in rechtlicher Hinsicht in vielen Staaten häufig noch als „Sachwert". Ein würdeloser Umgang mit Tieren (wie bei der Massentierhaltung) aus Gründen des Profits ist ein Beispiel für ein mangelndes demokratisches Wertebewusstsein (im Sinne der „Demokratie als Lebensform").

Dieser hier sehr knapp angedeutete Problembereich zeigt, dass „Demokratie" als Lebens- und Regierungsform einer permanenten Weiterentwicklung bedarf.

In den Erziehungsinstitutionen stellt deshalb eine systematische und aufbauende Förderung der **Demokratiefähigkeit** eine permanente pädagogische Aufgabe dar. Erfolgreiches demokratisches Lernen ist nicht nur das wohl wirkungsvollste Mittel, um personaler Gewalt vorzubeugen; demokratiefähige Politiker, die das Allgemeinwohl im Blick haben, können zur Vermeidung von „struktureller Gewalt" (Galtung) beitragen (Ausbeutung der Arbeitnehmer durch Niedriglöhne, Lobbyarbeit für große Konzerne durch Privatisierung von Gütern, die der Allgemeinheit zustehen, und Tragen der Verluste durch das Gemeinwesen über Steuermittel, Ausbeutung von Ressourcen wie Kohle auf Kosten des Klimaschutzes etc.).

Hinsichtlich einer Lösung von solchen gesellschaftlichen Problemen stellt sich als zentrale Aufgabe in unserem Erziehungs- und Bildungswesen, eine geeignete pädagogische Konzeption zu entwickeln, mit dem Ziel, ein friedliches und tolerantes Zusammenleben in der inzwischen multikulturellen Gesellschaft zu fördern und den Zusammenhalt zu festigen. Ein Leben von Demokratie ist auch der beste Garant für einen weltweiten Frieden.

Auch die dringend nötige soziale Integration der nicht mehr schulpflichtigen Flüchtlinge kann man nicht allein über die Vermittlung in Arbeitsverhältnisse erreichen. Es muss ein Zusammenleben organisiert werden, bei dem über ein gegenseitiges Kennenlernen Vorurteile abgebaut und Verständnis für die kulturellen Eigenarten von Menschen aus anderen Ethnien geweckt werden können. **Inklusionstage auf kommunaler Ebene**, zu denen Erwachsene eingeladen werden, können eine Hilfe bei der Bewältigung dieser Aufgabe bedeuten.

---

[9] **Der Text auf den Seiten 12 bis 14 orientiert sich abschnittweise an dem Buch „Erziehung zum gewaltfreien Handeln" (Gerr 2015a, S. 40-42).**

2. Aspekte zur Entwicklung einer pädagogischen Konzeption „DEMOKRATIE LEBEN"

Beim Prozess der Selbsterziehung zu einem Handeln, das sich an demokratischen Werten und Normen orientiert, geht es nicht primär um den Erwerb von fachspezifischen Kompetenzen (Wissen, Fähigkeiten und Fertigkeiten von fachlichen Aufgabenstellungen oder Problemen) und deren Einsetzbarkeit (Verwendung) im gesellschaftlichen Leben.

Eine systematische Förderung demokratischen Lernens an den öffentlichen Schulen und Erziehungsinstitutionen ist vor allem eine pädagogische Aufgabe, die als Leitziel die **Demokratiefähigkeit** der Kinder und Jugendlichen im Blickfeld hat. Im Mittelpunkt pädagogischer Arbeit steht deshalb nicht vorrangig die Vermittlung von Kenntnissen über die Staatsform der Demokratie, sondern ein **handlungsorientiertes Lernen** und ein **demokratisches Schulleben**.

Im Hinblick auf eine erfolgreiche pädagogische Begleitung der Schülerinnen und Schüler auf dem Weg zur diesem Ziel kann die Orientierung an einer pädagogischen **Konzeption**, die **modellhaften Charakter** hat und die es zu entwickeln gilt, hilfreich sein. Bei der Entwicklung sind unter anderem die spezifische Schülersituation oder lokale Gegebenheiten zu berücksichtigen. Offenheit und permanente Weiterentwicklung dürften deshalb erforderlich sein. Eine solche Konzeption ist also dem offenen Lernen zuzuordnen.

2.1 Bereiche der zu entwickelnden pädagogischen Konzeption

Unter einer **pädagogischen Konzeption** kann man ein Handlungsmodell verstehen, bei dem die zu fördernden Fähigkeiten, Inhalte (Programme) und methodischen Grundsätze in einen sinnvollen und wissenschaftlich begründeten Zusammenhang gebracht werden (vgl. Gerr 1998, S. 11).

Bei einer pädagogischen Konzeption kann man also immer drei Bereiche, die aufeinander bezogen sind, unterscheiden: **Inhalte** (Programme), **Lernwege** (Methoden) und zu fördernde **Kompetenzen** (vgl. **Schema 1**!).

Demokratie leben

Aspekte zur Entwicklung einer pädagogischen Konzeption
(Systematische Förderung von Demokratiefähigkeit)

▼

Inhalte	Lernwege	Kompetenzen
altersgemäße Unternehmungen:	Methodische Aspekte/ Erziehungsgrundsätze:	kontinuierliche Förderung:
Verwirklichung von Spielideen ▼	handlungsorientiertes Lernen ▼	Wahrnehmung, Motorik, Sprache ▼
Erkundungen der sozialen, natürlichen politischen (...) Umwelt ▼	Orientierung an demokratischen Werten und Regeln beim Handeln ▼	sozial-emotionale Kompetenzen; Kreativität, kritisches Denken ▼
kooperative und interkulturelle Aktivitäten: Sport, kreatives Gestalten, Musizieren, Singen, Feste etc. ▼	Offenheit beim gemeinsamen Lernen in Gruppen und demokratische Entscheidungsprozesse ▼	Kompromissfähigkeit, (politische) Handlungskompetenz, Offenheit, Abbau von Vorurteilen, gewaltfreies Handeln ▼
Unternehmungen mit Abenteuercharakter ▼	Berücksichtigung des Umwelt- und Naturschutzgedankens ▼	Konflikt- und Friedensfähigkeit, Toleranz, ▼
Klassenfahrten ins Ausland ▼	interkulturelles Lernen ▼	körperliche und seelische Gesundheit ▼
internationale Begegnungen und Hilfsprojekte etc.	Berücksichtigung der Wünsche und Bedürfnisse der Lernenden etc.	Internalisierung demokratischer Nomen und Werte etc.

Schema 1

16

Soll beispielsweise bei Kindern im Grundschulalter die Einsicht gefördert werden, dass in einer Gemeinschaft soziale Regeln wichtig sind, so kann man dies über Regelspiele anbahnen; damit berücksichtigt man die psychologischen Erkenntnisse bezüglich der altersspezifischen Bedürfnisse nach handelnden und **spielerischen Lernformen**; sie sind motivierend und können durch ein Überdenken der Spielsituation nach Beendigung des Regelspiels einen Erfahrungsgewinn im Hinblick auf die Notwendigkeit von Regeln beim Zusammenleben bewirken (vgl. **Oerter** 1987, S. 230).

2.1.1 Kompetenzen für das Leben von Demokratie

Für die Gestaltung eines demokratischen Zusammenlebens in unserer Gesellschaft werden Kompetenzen benötigt, die formuliert und durch ein aufbauendes Erfahrungslernen im Schulleben systematisch zu fördern sind (vgl. **Schema 2!**). In den Ausführungen werden nicht alle Aspekte thematisiert.

Demokratiefähigkeit umfasst verschiedene Kompetenzbereiche, die teilweise aufeinander aufbauen; unter anderem können folgende Bereiche unterschieden werden:

- **Wahrnehmungsfähigkeit:**

Im Kindesalter ist die Förderung der Sinne von fundamentaler Bedeutung, denn sie bildet die Grundlage für alle Operationen, Lern- und Erziehungsprozesse (beispielsweise für analytische und motorische Fähigkeiten oder auch für das soziale Lernen) – (vgl. Gerr 1998, S. 102).

- **Selbstkompetenz und sozial-emotionale Kompetenzen:**

Dieser Bereich umfasst wesentliche Fähigkeiten einer Persönlichkeitsförderung. Zur Förderung der Ich- oder **Selbstkompetenzen** gehören unter anderem die Fähigkeiten, **Selbstvertrauen** aufzubauen, die eigenen Stärken und Schwächen zu erkennen, eigene **Gefühle wahrzunehmen** und authentisch auszudrücken, Selbständigkeit und Verantwortung für das eigene Handeln zu übernehmen sowie Entscheidungsfähigkeit zu erlangen. Zu den **Sozialkompetenzen** (sie bilden auch die Voraussetzungen für eine **Teamfähigkeit**) gehören unter anderem die Fähigkeiten der Kontaktaufnahme und der **Kooperation**, der Rücksichtnahme und Hilfsbereitschaft, der Konfliktlösung mit angemessenen Mitteln, der Sprache und die **Empathie** (vgl. Gerr 2014, S. 14).

Kompetenzen
für das
L e b e n   v o n   D e m o k r a t i e
(aktive Mitverantwortung für die Menschen und die Mitwelt)

∧

politische Handlungskompetenz	Friedens- und Konfliktfähigkeit
◻	◻
interkulturelle Kompetenz	aktive Solidarität
◻	◻
Eigeninitiative	Toleranz
◻	◻
Kritikfähigkeit	Kompromissfähigkeit

Komponenten der Demokratiefähigkeit im engeren Sinn

∧

Ich-Identität	Entgegenbringen von Vertrauen
◻	◻
Selbständigkeit/ Entscheidungsfähigkeit	Empathie/ Hilfsbereitschaft
◻	◻
Selbstvertrauen	Kooperationsfähigkeit
◻	◻
Akzeptieren der eigenen Stärken und Schwächen	Kommunikations- fähigkeit/Sprache
◻	◻
Erkennen und authentisches Ausdrücken von Gefühlen etc.	Kontaktfähigkeit

Fähigkeiten der Selbst- und Sozialkompetenz als Qualifikationen für das Leben von Demokratie

∧

gezielte Förderung aller Wahrnehmungsbereiche als Basis für soziale und demokratische Lernprozesse

Schema 2
(vgl. Gerr 2014, S. 17)

- **Wichtige Komponenten der Demokratiefähigkeit:**

Einige Kompetenzen sind für ein demokratisches Zusammenleben der Menschen von besonderer Bedeutung. So dient die **Toleranz** der Abgrenzung von unterschiedlichen Ansprüchen, Interessen und Bedürfnisse, wobei ein friedliches Zusammenleben angestrebt wird. Das bedeutet unter anderem zu lernen, „die eigenen Maßstäbe nicht zu verabsolutieren", sondern die „Probleme auch vom Standpunkt des anderen zu sehen" (vgl. **Becker/Conolly-Smith** 1976, S. 47). Toleranz kann in einer demokratischen Gesellschaft nicht grenzenlos sein. So kann ein Verhalten, das demokratische Werte und Regeln verletzt, nicht toleriert werden, soll nicht die Demokratie als Lebensform gefährdet werden.

Eine weitere wichtige Kompetenz für das Leben von Demokratie ist die **Kompromissbereitschaft**; ohne sie ist das Finden von gemeinsamen Lösungen, bei denen auch die Bedürfnisse von Minderheiten berücksichtigt werden (vgl. Gerr 2000, S. 148), nicht möglich.

Friedens- und Konfliktfähigkeit sind wichtige Komponenten für das Leben von Demokratie in einer multikulturellen Gesellschaft, um Konfliktsituationen friedlich und auf demokratische Weise lösen zu können; unter anderem werden dazu Qualifikationen wie „das Erkennen der eigenen Motive", die „Verbalisierung der eigenen Bedürfnisse, Wünsche und Gefühle", die „Bereitschaft zur friedlichen Lösung des Konflikts", Empathie und das „Respektieren anderer Verhaltensweisen", das „Erkennen der Ursachen für das Entstehen der Konfliktsituation" sowie die "Fähigkeit zur konstruktiven Kritik und Selbstkritik" benötigt (vgl. Gerr 2000, S. 148).

Aktive **Solidarität** bedeutet die Bereitschaft zur Übernahme von Verantwortung für die Schwachen in der Gesellschaft; dies zeigt sich in einem politischem Engagement zur Durchsetzung „gleicher Rechte für alle Menschen", der „Achtung ihrer personalen Würde" und der „Befriedigung ihrer existenziellen Grundbedürfnisse" (vgl. Sekretariat der Deutschen Bischofskonferenz 1989, S. 71).

Interkulturelle Kompetenz zielt auf Fähigkeiten des Umgangs mit Menschen aus anderen Kulturkreisen. Dies setzt unter anderem sprachliche Kompetenzen, Offenheit und Neugierde für die Andersartigkeit von Bräuchen und kulturellen Unterschieden und die Freiheit von Vorurteilen voraus.

2.1.2 Erziehungsgrundsätze und methodische Aspekte

„**Erziehung**" wird im Allgemeinen heute nicht mehr als ein „Einwirken von Erwachsenen auf Kinder und Jugendliche" interpretiert. Seinem Wesen nach kann man „Erziehung" immer als „**Selbsterziehung**" deuten. Deshalb kann man „**Erziehungsprinzipien**" als freiwillig übernommene „**Grundsätze einer Selbsterziehung**" definieren (vgl. Gerr 2014, S. 11).

Im pädagogischen Bereich ist der Begriff „**Methode**" nicht mit „wissenschaftlichen Forschungsmethoden oder fachspezifischen Lehrmethoden" an den öffentlichen Schulen gleichzusetzen. Der aus dem Griechischen abgeleitete Terminus bedeutet der „**Weg zu etwas hin**"; deshalb kann man ihn als „**Weg der Selbsterziehung**", bei dem die individuelle Freiheit und die Autonomie gewährleistet sind, interpretieren. (vgl. Gerr 2014, S. 23). Die Aufgaben der „**pädagogischen Begleiterinnen und Begleiter**" (Gerr) bestehen unter anderem darin, Impulse zu vermitteln, Hilfen zu gewähren, für Transparenz bei den Unternehmungen zu sorgen, Vorbild zu sein, zu motivieren und anzuregen, komplexe Zusammenhänge zu klären, beim Strukturieren und Zusammenfassen zu helfen oder auf Grenzen und Gefahren hinzuweisen (vgl. Gerr [3]2018, S. 92).

Beim **Lernen und Leben von Demokratie** kann man unter anderem folgende **Erziehungsgrundsätze** unterscheiden (es werden hier beispielhaft nur vier Prinzipien thematisiert):

• **Bedürfnisorientierung**:

Eine **Orientierung an den Bedürfnissen und Interessen** der Lernenden kann eine motivierende Wirkung und ein **eigenaktives Lernen** bei Kindern und Jugendlichen fördern. Das Einbeziehen der Schülerinnen und Schüler bei den **demokratischen Entscheidungsprozessen** hinsichtlich der Wahl der Aktivitäten, die ihrer Interessenlage entsprechen (beispielsweise besitzen Kinder einen ausgesprochenes Spiel- und Bewegungsdrang sowie ein Bedürfnis nach Experimentieren und nach Exploration), ist ein gutes pädagogisches Mittel, das Lernen aus eigenem Antrieb anzuregen.

Beim demokratischen Entscheidungsprozess werden nicht interessante Vorschläge ausgesondert, interessante Vorschläge diskutiert und Handlungsschritte überlegt, Änderungsvorschläge überdacht und ein vorläufiger Mehrheitsbeschluss in den Gruppen herbeigeführt. Bei Unzufriedenheit einiger Teilnehmer werden Kompromissvorschläge überlegt mit dem Ziel, den Bedürfnissen möglichst aller gerecht zu werden (vgl. **Schema 3**!).

Projekthandeln ist gekennzeichnet durch Selbstbestimmung. Alle Entscheidungen werden gemeinsam von allen Beteiligten sowie von den erwachsenen pädagogischen Begleiterinnen und Begleitern auf demokratischem Weg beschlossen. Um gefährliche Aktionen oder Misserfolge zu vermeiden, sollte den erwachsenen Begleitern ein Vetorecht eingeräumt werden.

Schritte demokratischer Entscheidungsprozesse:

1. Schritt:	*Aussonderung der Vorschläge, die auf kein Interesse stoßen*

↓

2. Schritt:	*Eingehende Erläuterung der Vorschläge, die von mehreren Gruppenmitgliedern akzeptiert werden, und Darlegung von Möglichkeiten und Handlungsschritten*

↓

3. Schritt:	*Prüfung und Diskussion sowie Einbringen von Änderungsvorschlägen*

↓

4. Schritt:	*Herbeiführung einer vorläufigen Entscheidung durch Mehrheitsbeschluss in der Gruppe*

↓

5. Schritt:	*Kompromissvorschläge bei Unzufriedenheit einiger Gruppenmitglieder*

↓

6. Schritt:	*Weitere Bemühungen bei nicht voller Übereinstimmung mit dem Ziel, den Bedürfnissen und Wünschen möglichst aller gerecht zu werden*

Demokratische Entscheidungsprozesse zielen auf die Befriedigung der Wünsche und Bedürfnisse möglichst aller!

Schema 3
(vgl. Gerr ²2009, S. 46)

Bei demokratischen Entscheidungsprozessen wird erfahren, dass bei „gelebter Demokratie" auch Minderheiten berücksichtigt werden.

- Erfahrungslernen und Handlungsorientierung:

In der pädagogischen Praxis ist **handelndes Lernen** ein wichtiges Lernprinzip, das aus psychologischer Sicht begründet werden kann; Erkenntnisse aus der Lernforschung besagen, dass ein Lernen mit vielen Sinnen (sehen, hören, tasten, riechen, schmecken etc.) besonders wirksam ist. Dieses **multisensorische Lernprinzip** ist heute ein anerkannter Lerngrundsatz. Weiterhin eröffnet das „handelnde Lernen" Lern- und Erziehungschancen vor allem dann, wenn Prinzipien wie das „aufbauende Lernen" („Prinzip der kleinen Schritte", „vom Konkreten zum Abstrakten", „vom Einfachen zum Komplexen", „vom Nahen zum Fernen"), „Versuch und Irrtum" oder „selbsttätiges und entdeckendes Lernen" verwirklicht werden.

Eine handelnde Auseinandersetzung mit der Wirklichkeit (z. B. über spielerisches Tun oder experimentelles Handeln) führt dann zum **Erfahrungslernen**, wenn alle Kräfte im Menschen angesprochen werden: sein Interesse, seine Fantasie, seine Emotionen, seine physische Kraft und seine kognitiven Kräfte. Ein Lernen mit „Kopf, Herz und Hand" (**Pestalozzi**) führt zu **authentischen Erfahrungen**, die zu Verhaltensänderungen führen können. Im Hinblick auf „demokratische Lernprozesse sind gemeinsame (kooperative) Aktivitäten und erlebnispädagogische Unternehmungen hilfreich. Eine **Orientierung an demokratischen Werten** und ein gemeinsames Überdenken des Handelns kann zur Verinnerlichung demokratischer Werte führen (vgl. **Kap. 3!**).

Der Begriff „**Handlungsorientierung**" wird in der Fachliteratur vor allem dann verwendet, wenn mit dem Handeln eine Veränderung der Wirklichkeit angestrebt wird; ein Beispiel dafür wäre die Durchführung eines Projekts mit dem Ziel, einen bestimmten Missstand in einer Gemeinde zu beseitigen. Gleichzeitig soll die Öffentlichkeit für diesen Missstand sensibilisiert werden.

In methodischer Hinsicht ist für das „demokratische Zusammenleben" bei den wöchentlich stattfindenden Aktionen an den Inklusionstagen eine Verwirklichung der Grundsätze des „Erfahrungslernens" und der „Handlungsorientierung" von besonderer Bedeutung .

Kinder und Jugendliche können alle wichtigen Fähigkeiten, die in einer demokratischen Gesellschaft erforderlich sind erwerben: Problembewusstsein und Strategien zur Problemlösung, Handlungsbereitschaft und -kompetenz sowie demokratische Fähigkeiten wie interaktionelle Kompetenz, Teamfähigkeit, Kompromissbereitschaft oder solidarisches und tolerantes Verhalten (vgl. Gerr 2015b, S. 97).

- **Interkulturelles Lernen in den Gruppen**:

Interkulturelles Lernen zielt auf das Erwerben von Fähigkeiten der sozialen Interaktion mit Menschen aus anderen Kulturkreisen. Lebensweisen und Bräuche sind in den Kulturen oft unterschiedlich und werden von Menschen aus anderen Ethnien häufig falsch interpretiert oder nicht verstanden. **Interkulturelles Lernen** setzt eine **Offenheit** für diese oft fremdartigen Verhaltensweisen und ein Interesse voraus, sie kennen und verstehen zu lernen. In einer **Gruppenarbeit** besteht die Chance, dass sich die Gruppenmitglieder gut kennen und das andersartige Verhalten verstehen lernen. So können vielleicht bestehende Vorurteile abgebaut werden. **Regelmäßige Kontakte und gemeinsame Unternehmungen und Erlebnisse** können Freundschaften entstehen lassen; ausgehend vom Verständnis für die eigene Kultur, kann sich ein Verständnis für die kulturell erworbenen Lebensgewohnheiten der Freunde anderer Ethnien entwickeln.

Damit kann bei **interkulturellen Begegnungen** dem Entstehen von Konflikten (beispielsweise wegen einer falschen Interpretation von Gesten) vorgebeugt werden. Unter anderem bieten sich **Rollenspiele** an, die unterschiedlichen Lebensgewohnheiten, Begrüßungsrituale oder das Feiern von Geburtstagen zu vergleichen und zu tolerieren. Interkulturelles Lernen kann junge Menschen auf die „Aufgaben in einer multikulturellen Gesellschaft, in der mehrere Sprachen, Religionen sowie unterschiedliche kulturelle und soziale Lebensgewohnheiten existieren", vorbereiten und zu einem friedlichen Miteinander, das sich an demokratischen Grundsätzen und Regeln orientiert, führen (vgl. Gerr 2014, S. 70).

Interkulturelles Lernen leistet einen wesentlichen Beitrag zu einem sozialen Miteinander von Menschen aus unterschiedlichen Ethnien und kann damit auch das Entstehen von Parallelgesellschaften verhindern!

- **Orientierung an demokratischen Werten und Normen**:

Sehr bedeutungsvoll für demokratische Lernprozesse ist die Verwirklichung des Grundsatzes, sich bei allem Handeln an Werten und Verhaltensregeln zu orientieren. Vor Durchführung der Aktivitäten sollten deshalb **Regeln** formuliert werden und in Reflexionsphasen das Handeln im Hinblick auf demokratische Werte überdacht werden (vgl. Ausführungen im **Teil 3!**). Vor Aktionen kann auch von allen ein **Motto** bestimmt werden, das einen demokratischen Wert (z. B. Hilfsbereitschaft) repräsentiert. Jüngere lernen auf diese Weise leichter die Regeln eines demokratischen Verhaltens.

2.1.3 Altersgemäße und bedürfnisorientierte Programmgestaltung

Den Begriff „**Bedürfnis**" kann man im pädagogischen Bereich unter dem Gesichtspunkt einer Persönlichkeitsförderung sehen. In Verbindung mit Lern- und Selbsterziehungsprozessen sollten von den pädagogischen Begleiterinnen und Begleitern vor allem zwei Aspekte im Hinblick auf eine bedürfnisorientierte Programmgestaltung berücksichtigt werden:

- Welche Tätigkeiten sind für Kinder und Jugendliche in den verschiedenen Altersstufen für die Persönlichkeitsförderung von Bedeutung?

- Welche individuellen Wünsche, Bedürfnisse und Interessen sind bei Kindern und Jugendlichen hinsichtlich der Programmgestaltung vorhanden?

Die angebotenen Aktivitäten, die auch **altersspezifische Bedürfnisse** berücksichtigen, zielen auf eine Förderung von Qualifikationen, die für das „Leben von Demokratie" benötigt werden. Die Programme bauen aufeinander auf. Während beispielsweise bei Kindern durch entsprechende spielerische Aktivitäten die Wahrnehmungsfähigkeit und das soziale Lernen gefördert werden, kann bei Älteren bei der Durchführung von Projekten eine politische Handlungskompetenz gesteigert werden.

Die Berücksichtigung des zweiten Aspektes kann über eine Beteiligung der Schülerinnen und Schüler bei der Entwicklung der Aktivitätsprogramme erreicht werden.

Im Hinblick auf eine kontinuierliche Förderung demokratischer Verhaltensweisen könnten beim „Inklusionstag" folgende aufeinander aufbauende Programme, die den Interessen und Bedürfnissen der Kinder und Jugendlichen entgegenkommen und deshalb eine hohe Motivation erreichen sowie Selbsterziehungsprozesse anregen können, entwickelt werden (vgl. **Schema 1!**).

- **Entwicklung von Spielprogrammen**:

Spiele sind für Kinder motivierend und eignen sich zur Förderung von grundlegenden Fähigkeiten, die für ein demokratisches Handeln benötigt werden. Spielen fördert bei den Kindern unter anderem motorische, sensorische, soziale und sprachliche Fähigkeiten, die für demokratische Lern- und Erziehungsprozesse von Bedeutung sind.

So tragen beispielsweise **Regelspiele** durch die „Handlungserfahrung" zum „Verständnis der Notwendigkeit sozialer Regeln des Zusammenlebens" bei (vgl. **Oerter** 1987, S. 230).

Auch **Gruppen-** oder **Kontaktspiele** sind geeignet, soziale Kompetenzen wie Kontakt-, Kommunikations- und Kooperationsfähigkeit oder Hilfsbereitschaft bei Kindern anzubahnen. Kinder lernen die eigenen Gefühle (Ärger, Ängste, Ablehnung, Wünsche etc.) wahrzunehmen, sie zu äußern und zu akzeptieren; sie werden auch sensibel für die Situation ihrer Spielpartner. Solche Fähigkeiten tragen zur „**interaktionellen Kompetenz**" und damit zur Demokratiefähigkeit bei.

Auch die beliebten **Teamspiele** wie Fußball können ein Übungsfeld prosozialer Verhaltensweisen sein; sie können bei Kindern und Jugendlichen unter anderem Fairness, Solidarität, Hilfsbereitschaft oder freundschaftliches Verhalten fördern.

Von Bedeutung ist es, dass nach Spieldurchführung über die individuellen Wahrnehmungen, Gefühle und Verhaltensweisen im Hinblick auf demokratische Werte und Regeln gesprochen wird und sie damit bewusst gemacht werden. Das ist der Weg zur Internalisierung von demokratischen Werten und Normen.

- **Erkundungen der Lebenswelt**:

Erkunden ist die die **natürliche Art des Lernens**; es ist nicht nur für Jugendliche motivierend; vor allem bei Kindern besteht eine ausgesprochene Neugierde, die Welt mit allen Sinnen zu erkunden.

Ein aktives und zielgerichtetes Erkunden kann einen Erfahrungsgewinn im Sinne **John Deweys** ermöglichen; die Lernenden setzen sich mit einem Bereich ihrer Lebenswelt, die untersucht bzw. erprobt wird, auseinander; Damit wird „Erkunden zu einem Experiment mit der Welt zum Zwecke ihrer Erkennung" (vgl. **Dewey** 1993, S. 187).

Im Hinblick auf das Gewinnen von Erkenntnissen und Erfahrungen ist beim Erkunden das Prinzip der Selbstbestimmung beim Inklusionstag zu berücksichtigen. Wenn bei den Erkundungen die Zielsetzungen und Aktivitäten über demokratische Entscheidungen in den Gruppen festgelegt werden, so kann es nach **John Dewey** zu „**pädagogisch wertvollen Erfahrungen**" kommen; John Dewey ist der Meinung, dass „demokratisch geregelte Belange eine bessere Qualität menschlicher Erfahrungen fördern" als bei „nicht demokratischen (...) Formen" wie beispielsweise das Anordnen durch Lehrkräfte (vgl. Dewey 1986, S.284).

Bei **Erkundungen der Lebenswelt** können sich die Teilnehmenden kritisch mit den gesellschaftlichen oder natürlichen Realitäten wie beispielsweise dem Waldsterben auseinandersetzen; dies kann zu demokratischen Lernprozessen (zum Beispiel zu einem umweltbewussten Verhalten im Alltag) führen sowie politisches Handeln fördern. Über demokratische Entscheidungsprozesse sollte sichergestellt werden, dass altersspezifische Bedürfnisse und persönliche Interessen Berücksichtigung finden; damit kann eine hohe Motivation für die Aktivitäten erreicht werden. Bei den Reflexionsphasen (über das soziale und demokratische Verhalten, über das methodische Vorgehen, über das Verhalten in der Natur, über die Beteiligung an der Aktion, über die organisatorische Struktur etc.) können sich die Beteiligten mit ihrem eigenen Handeln auseinandersetzen; damit kann das Bewusstsein für eine Verhaltensänderung entstehen. - Hilfen der pädagogischen Begleiterinnen und Begleiter (z. B. Hilfen beim Strukturieren der Reflexionsgesprächs) sind hier meist notwendig.

Unter anderem gibt es folgende **spielerische Formen der Erkundung**, die von den Schülerinnen und Schülern mit Unterstützung der Lehrkräfte und der ehrenamtlichen Mitarbeiterinnen und Mitarbeitern selbständig geplant und durchgeführt werden können (vgl. Gerr 1998, S. 116, 4/1991, S. 10 und 2015a, S. 56 f.):

Bei der **Naturstreife** kann ein bestimmtes Naturgebiet (es sollten nur feste Wege benutzt werden!) unter einem bestimmten Gesichtspunkt erkundet werden. Solche Aspekte könnten beispielsweise sein: „Unsere heimischen Vögel", „Spuren im Schnee", „heimische Baumarten" oder der „Zustand des Waldes".

Beim **Stadtspiel**, das in einem klar abgegrenzten Raum (z. B.: Fußgängerzone) stattfindet, können gruppenweise bestimmte Objekte (z. B. Baudenkmäler) oder Institutionen (z. B. Bürgermeisteramt und Museum) erkundet werden. Dabei kann auch die soziale Situation (z. B. Wohnungssituation, Spielplätze für Kinder) erfragt werden. Techniken wie das Interview sollten vorher spielerisch eingeübt werden. Günstig ist es, vor der Erkundung einen Katalog von Fragen zu erstellen.

Das **Stationsspiel** kann in Form einer Rallye durchgeführt werden. Es ist ein Gruppenspiel und bietet die Möglichkeit einer Beschaffung von Informationen und Erkenntnisse durch die Bewältigung der zu lösenden Aufgaben. Stationsspiele können sowohl im schulischen Raum stattfinden, wobei bei den verschiedenen Stationen (Nebenräume, Flure in der Schule etc.) ein anregungsreiches Material zur Verfügung stehen sollte, als auch in außerschulischen Bereichen durchgeführt werden. Hier wird Schülerinnen und Schülern ermöglicht, sich mit der Wirklichkeit auseinanderzusetzen. Bei Stationsspielen lassen sich fast alle Inhalte integrieren, die auf spielerische Weise erarbeitet werden können. Die Stationen sollten möglichst mit erwachsenen (auch ehrenamtlichen) pädagogischen Mitarbeiterinnen oder Mitarbeitern besetzt werden.

Auch das **Quiz** kann für ein spielerisches Erkunden genutzt werden. Bei der selbstbestimmten und aktiven Beschaffung von Informationen bereiten sich die Schülerinnen und Schüler gruppenweise auf das Quiz vor, indem sie sich mit geeigneten Materialien (Sachbücher etc.) oder ermittelten Informationen (nach der Befragung von Fachleuten in der Gemeinde etc.) beschäftigen; danach wird ein Katalog von Fragen für das Quiz erstellt. Bei der Durchführung sollte vor allem der Spaß und weniger der Wettbewerb im Vordergrund stehen. Es ist darauf zu achten, dass sich keine Gruppe als „Verlierer" fühlt (vgl. Gerr 7-8/1989, S. 6).

Bei einem selbstbestimmten Erkundungslernen in Gruppen sind Absprachen und Vereinbarungen notwendig; sie regeln das soziale Verhalten untereinander, das in Reflexionsphasen aufgearbeitet werden und ein bewusstes prosoziales und demokratisches Verhalten fördern kann.

- **Unternehmungen mit abenteuerlichem Charakter**

Die Begriffe „**Abenteuer**" und „**Erlebnis**" können nicht klar abgegrenzt werden. Von **Erich Weber** (1975, S. 83) wird „Erlebnis" als das „emotional tief Bewegende" gekennzeichnet, das sich vom „oberflächlichen Dahinleben" abgrenzt. Die Intensität der Erlebnisse können bei den einzelnen Personen unterschiedlich sein; sie hängen von der inneren Beteiligung ab. Den Begriff „Abenteuer" kann man von französischen „aventure" ableiten und als ein „auf mich zukommendes Ereignis" definieren, bei der man in eine „unvorhergesehene Situation" gerät, die sich einer „planenden Vorbereitung" entzieht (vgl. **Spiecker** 1964, S. 69).

Erlebnispädagogische Unternehmungen sind vor allem für Jugendliche attraktiv, da sie hier unter anderem ihre körperlichen Kräfte austesten können. Bei abenteuerlichen Gruppenunternehmungen können Situationen auftreten, die für die Gruppe ein Wagnis bedeuten (beispielsweise bei einer ausgesetzten Stelle auf einer Gebirgstour), was die Gruppenteilnehmer zu einer gemeinsamen Bewältigung herausfordern kann und menschliche Kräfte wie Ausdauer, Geduld, Einfühlsamkeit, Hilfsbereitschaft, Initiative, Mut, Entschlusskraft, Einsatzbereitschaft, Zurückstellen eigener Bedürfnisse oder Mitverantwortung für die Gruppe hervorrufen kann (vgl. Gerr 2000, S. 20 f.).

Unternehmungen mit Abenteuercharakter schaffen im Allgemeinen günstige Voraussetzungen für soziale und demokratische Lernprozesse. In Grenzsituationen erfahren die Gruppenmitglieder, dass man aufeinander angewiesen ist, um das Abenteuer gemeinsam zu bewältigen. Es können Freundschaften entstehen, die eine gute Grundlage für ein friedliches Miteinander sind.

Je nach Alter oder Lage der Gemeinde können sehr unterschiedliche Abenteuerunternehmungen von den Gruppen auf demokratischem Weg beschlossen werden: Radtouren mit zu lösenden Aufgaben, Nachtwanderungen mit Übernachtung in Zelten, Segeltörns, Klettern, Wanderungen mit Schneeschuhen, Gebirgstouren oder Auslandsfahrten mit dem Ziel, die Menschen und deren Kultur kennenzulernen.

Die Aufgaben der pädagogischen Begleiterinnen und Begleiter bestehen unter anderem darin, auf Grenzen und Gefahren aufmerksam zu machen und die Unternehmung gründlich vorzubereiten (Ausrüstung, Erlernen von Techniken wie Abseilen, Verhaltensregeln bei Gefahren etc.).

- **Projekthandeln**

Beim Projekthandeln werden bei den „jungen Menschen alle wichtigen Kompetenzen, die für eine aktive Gestaltung der Demokratie notwendig sind, gefördert, so zum Beispiel eine Wachsamkeit der Sinne für das Erkennen von sozialen Problemen, Entscheidungsfähigkeit, Handlungskompetenz, Eigen–initiative, Kreativität und vor allem auch prosoziale Verhaltensweisen. Demokratie als Lebensform schließt beim Umgang mit anderen Menschen eine Anwendung von Gewalt als Mittel zur Konfliktlösung aus" (Gerr 2000, S. 117).

Projekthandeln ist vor allem für die Älteren geeignet, kann aber auch in allen Altersstufen eine Tätigkeitsform im Dienste demokratischer Lernprozesse sein; bei Jüngeren sind Ziele und Formen des Handelns (beispielsweise spielerische Formen) dem Alter anzupassen. Projekte können in allen Bereichen (Natur, Gesellschaft, Werkarbeit etc.) stattfinden.

Beim **Projekt** kann man verschiedene Schritte unterscheiden (vgl. **Schema 4!**), die keine starre Stufenfolge darstellen (vgl. Gerr 2014, S. 102 ff.):

- **Ausgangssituation**: Ein Projekt sollte nicht vorgegeben werden, sondern sich an den Erwartungen und Wünschen der Beteiligten orientieren. Im Hinblick auf die Durchführung werden Regeln vereinbart und Absprachen getroffen. Manchmal entsteht aufgrund emotionaler Betroffenheit das Bedürfnis zum Handeln. Projektideen können auch gesammelt werden; damit sie nicht verloren gehen, sollten die Vorschläge beispielsweise auf ein Plakat geschrieben werden. Die endgültige Festlegung des Projekts wird über einen demokratischen Entscheidungsprozess herbeigeführt.
- **Erkundung der Wirklichkeit**: Im Hinblick auf eine sachgerechte Planung und Projektdurchführung werden Informationen benötigt; bei einer Erkundung der Wirklichkeit können oft genauere Erfahrungen und Erkenntnisse gewonnen werden. Bei der Erkundung sollten altersentsprechende Bedürfnisse (beispielsweise nach spielerischer oder erlebnishafter Erschließung der Umwelt) berücksichtigt werden (vgl. Gerr 4/1991, S. 9). – Beim Erkunden der Wirklichkeit werden verschiedene Techniken verwendet, die gegebenenfalls mit den Schülerinnen und Schülern eingeübt werden müssen. So kann beispielsweise das Interview über Rollenspiele erlernt werden. Ein Zusammentragen von möglichst vielen Informationen (über Befragen von Fachleuten etc.) kann für die Projektdurchführung hilfreich sein.

Das Projekthandeln orientiert sich nicht an einer starren Stufenfolge;
die Projektschritte hängen von den sachlichen Erfordernissen sowie
von den Bedürfnissen und dem Einfallsreichtum der Beteiligten ab;
so können Projektschritte wie die Erkundung
im Bedarfsfall auch wiederholt werden.
Man kann folgende Projektphasen unterscheiden:

Struktur eines Projekts

Initialphase
(Ausgangssituation)
↓

Explorationsphase
(Erkundung der Wirklichkeit)
↓

Informationsauswertung und Planung
(gemeinsames Festlegen der Projektschritte)
↓

Vorbereitung und Durchführung der Aktion
(Verwirklichung der Projektziele)
↓

Reflexionsphase
(gedankliche Aufarbeitung)
↓

Dokumentationsphase
(Öffentlichkeitsarbeit)
↓

Projektabschluss
(gemeinsames Feiern)

Schema 4

(vgl. Gerr 2014, S. 101)

- **Informationsauswertung und Planung**: Die Informationen werden geprüft und gemeinsam die Planung vorgenommen. Dabei können die **W-Fragen** (Welche Ziele wollen wir erreichen? Wie führen wir das Projekt durch? Wer ist verantwortlich? Wo findet etwas statt? Wann findet es statt? Womit führen wir etwas durch?) sehr hilfreich sein. Um eine starre Stufenfolge zu vermeiden, werden die zeitliche Abfolge und die Aktivitäten grob geplant und danach jeweils immer nur der nächste Schritt in einem Balkenplan festgehalten (beispielsweise auf einer Tapetenrolle). Der Balkenplan dient für die Gruppen als Information für die in einer bestimmten Zeit zu erledigenden Aufgaben und garantiert einen dynamischen Charakter des Projekthandelns.
- **Vorbereitung und Durchführung der Aktion**: In dieser Phase werden die Hilfsmittel, die für das Projekt benötigt werden, hergestellt oder besorgt. Ferner kann im Hinblick auf eine Sensibilisierung der Öffentlichkeit für ein Projekt die Presse informiert werden sowie ein Vertreter des Ordnungsamtes kontaktiert, das Rote Kreuz informiert oder Fachleute zur Mitarbeit gewonnen werden.
- **Reflexionsphasen**: Sie sind nötig, um das Handeln unter bestimmten Aspekten zu überdenken: Erreichen der Ziele, Angemessenheit des Vorgehens, Verlässlichkeit hinsichtlich der zeitlichen Absprachen, Aufarbeitung von Konflikten, Einhaltung der Regeln bzw. Orientierung an Werten etc. .
- **Dokumentation**: Eine Dokumentation des durchgeführten Projekts in der Öffentlichkeit (Zeitungsbericht, Info-Stand, Ausstellung etc.) bedeutet eine Anerkennung der vollbrachten Leistung der Teilnehmenden, was sich auf eine Erhöhung der Motivation auswirken kann; gleichzeitig kann die Öffentlichkeit für ein bestimmtes Problem sensibilisiert werden.
- **Projektabschluss**: Nach Abschluss des Projekts kann ein interkulturelles Fest organisiert werden, was zur Festigung der Gemeinschaft beitragen kann.

Diese hier knapp ausgeführten Tätigkeitsbereiche sind Beispiele für die vielen bedürfnisorientierten Aktivitäten, die an den Inklusionstagen möglich sind. Von Bedeutung ist dabei, das bei allen Unternehmungen ein demokratisches Miteinander gelebt wird. Der „**Inclusion Day**" kann auf diese Weise zu einem verständnisvollen Miteinander von Kindern und Jugendlichen aus verschiedenen Ethnien sowie mit und ohne Behinderungen beitragen.

3. Kennzeichnung und Praxis demokratischen Lernens [10]

Eine systematische Förderung demokratischen Lernens an den „Inklusionstagen" kann vor allem dann wirkungsvoll sein, wenn die pädagogischen Begleiterinnen und Begleiter (Lehrkräfte, ehrenamtliche Mitarbeiter wie Übungsleiter oder Jugendleiter) grundlegende Erfahrungen bezüglich der Möglichkeiten einer Anleitung zu einem Handeln, das sich an demokratischen Werten und Normen orientiert, besitzen. Eine entsprechende Aus- bzw. Weiterbildung ist deshalb sinnvoll.

Eine solche Anleitung der Schülerinnen und Schüler zu einem werteorientierten Handeln kann dann gelingen, wenn die psychologischen Erkenntnisse einer Werteerziehung berücksichtigt werden.

Erst bei einer **Integration von Wert-, Handlungs- und Reflexionsorientierung** (vgl. **Schema 5**!) kann der individuelle Prozess einer Wertebildung besonders erfolgreich sein. Die Anregung der Schülerinnen und Schüler zu einer „gedanklichen Auseinandersetzung mit dem eigenen Handeln in konkreten Situationen im Hinblick auf Werte und Verhaltensregeln" (vgl. Gerr 2000, S. 157 und 2014, S. 30) ist bei einer intendierten Werteerziehung an den Inklusionstagen eine der wichtigsten Aufgaben der pädagogischen Begleitung.

Auf die Bedeutung einer Verbindung von Handeln und Reflexion hat bereits der Reformpädagoge und Vertreter des philosophischen Pragmatismus **John Dewey** (1859-1952) hingewiesen. Er verwendet den Begriff „**denkende Erfahrung**" (Dewey 1993, S. 195).

Erfahrungslernen beruht immer auf einer bewussten Auseinandersetzung mit den Erlebnissen. Erst ein Überdenken des Tuns im Hinblick auf Werte und Verhaltensregeln ermöglicht es, sich bewusst für ein Handeln, das ethischen Normen entspricht, zu entscheiden. Bei einer Werteerziehung an den Inklusionstagen sind bei allen Aktivitäten und Unternehmungen also immer drei Grundsätze zu verwirklichen: **Handeln, Orientierung an demokratischen Werten beim Handeln** und **abschließendes Überdenken des Handelns im Hinblick auf demokratische Werte und Verhaltensregeln** (s. **Schema 5**!).

---

[10] **Der Text auf den Seiten 32 bis 37 wurde abschnittweise aus dem Buch „Erziehung zum gewaltfreien Handeln" entnommen (vgl. Gerr 2015a, S. 42-48).**

Eine Förderung
demokratischer Lernprozesse

ist gekennzeichnet
durch eine

Integration
von
Handeln – Orientierung an demokratischen Werten – Reflektieren

---

demokratische
Werte und Normen (Regeln)

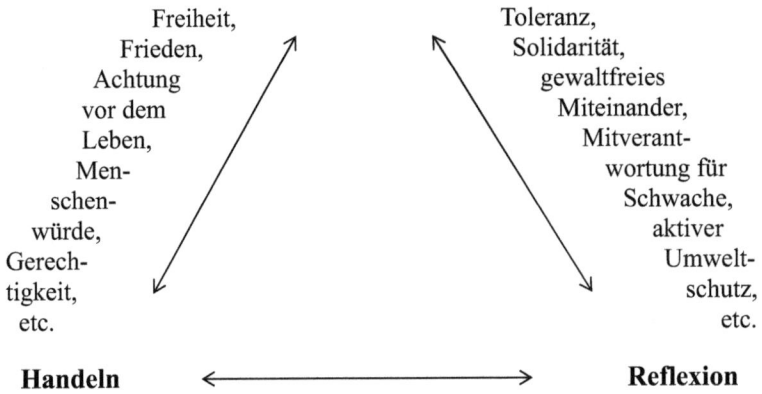

Freiheit,
Frieden,
Achtung
vor dem
Leben,
Men-
schen-
würde,
Gerech-
tigkeit,
etc.

Toleranz,
Solidarität,
gewaltfreies
Miteinander,
Mitverant-
wortung für
Schwache,
aktiver
Umwelt-
schutz,
etc.

Handeln ⟷ **Reflexion**

gedankliche Auseinandersetzung
mit dem eigenen Handeln in konkreten Situationen
im Hinblick auf demokratische Werte und Verhaltensregeln

Schema 5
(vgl. Gerr 2000, S. 157)

33

3.1 Orientierung an demokratischen Werten und Normen

Bei der Ausrichtung des Handeln an demokratischen Werten können dem Alter der Schülerinnen und Schüler entsprechende, klar formulierte Normen (Verhaltensregeln) hilfreich sein, denn die persönlich akzeptierten Verhaltensregeln können als Richtlinien für das Handeln in konkreten Situationen dienen. Damit der Sinn für solche Regeln für ein demokratisches Zusammenleben erkannt wird, sollten sie gemeinsam entwickelt und nach bestimmten Ereignissen (z. B. nach Konfliktsituationen) weiterentwickelt werden.

Beispiele für **Verhaltensregeln** (Normen) für jüngere Schülerinnen und Schüler (sie können auf ein Plakat geschrieben werden):

- Ich nehme Rücksicht auf die Anderen!
- Ich setze mich für Schwächere ein!
- Ich störe die Anderen nicht bei der Arbeit!
- Ich streite mich nicht mit den Anderen!
- Ich helfe, wo ich kann! etc.

Einfache und verständlich formulierte Regeln sind vor allem für Jüngere eine **Orientierungshilfe** bei ihrem Verhalten. Die hier beispielhaft aufgeführten Verhaltensregeln repräsentieren den sozialen Bereich. Für bestimmte Unternehmungen können von allen passende Regeln (z. B.: Verhalten in der Natur) entwickelt werden.

Von älteren Schülerinnen und Schülern können die demokratische Werte wie die „Bereitschaft zur Übernahme von Verantwortung", „Rücksichtnahme und Verständigungswille" oder „Natur- und Umweltschutz" in etwas abstrakterer Form formuliert werden. Sie sollten bei der gedanklichen Aufarbeitung mit Sinn gefüllt werden. Solche positiv formulierten Regeln in Ich-Form könnten beispielsweise lauten:

- Ich begegne allen Menschen mit Achtung und Toleranz!
- Ich bin offen für die Meinung anderer!
- Ich trage zu einem gewaltfreien Miteinander in der Gemeinschaft bei!
- Ich setzt mich für Schwache und Hilfsbedürftige ein!
- Ich übernehme Verantwortung in der Gemeinschaft!
- Ich bin tolerant gegenüber anderen Religionen! etc.

34

Wenn von den älteren Schülerinnen und Schülern ethische Verhaltens-regeln in Bezug auf konkrete Erlebnisse, die bei ihnen Betroffenheit ausgelöst haben, entwickelt werden, ist allen der Bedeutungsgehalt der Normen im Hinblick auf ein künftiges werteorientiertes Handeln klar. **Schlüsselerlebnisse** können beim Prozess der Selbsterziehung zu einem Tun, das sich bewusst an demokratischen Werten und Regeln orientiert, hilfreich sein.

3.2 Handeln nach demokratischen Werten und Normen

Eine vorwiegend theoretische Auseinandersetzung mit Werten und die Bedeutung eines an Werten orientierten Handelns für ein demokratisches Zusammenleben in der Gesellschaft zeigt in erzieherischer Hinsicht häufig wenig Wirkung.

Eine **Internalisierung von Werten** und damit ein bewusstes werte-orientiertes Handeln **ist** (im Sinne von John Dewey) **an Erfahrungen gebunden.** Eine handlungsorientierte Auseinandersetzung mit den gesell-schaftlichen, sozialen oder natürlichen Realitäten bildet die Grundlage für eine Selbsterziehung zu einem an demokratischen Werten orientierten Handeln in allen Lebensbereichen und kann damit auch eine Antwort auf Probleme, die eine multikulturelle Zusammensetzung der Bevölkerung mit sich bringen, sein.

Der in der Pädagogik verwendete Begriff „**Handlungsorientierung**" ist – im Gegensatz zu der umgangssprachlichen Bedeutung von Tätig-sein – vor allem durch folgende Merkmale gekennzeichnet (vgl. Gerr 1998, S. 80):

- Die Lernenden sind „ganzheitlich" (emotional, physisch, kognitiv) am Geschehen beteiligt;
- bei der Verwirklichung des Vorhabens werden die Ziele, die Planung, und die methodischen Schritte nicht durch die Lehrkräfte oder ehren-amtlichen Mitarbeiter vorgegeben, sondern von allen gemeinsam auf demokratischem Wege beschlossen;
- Anlass zur Durchführung eines Projekts ist ein echtes Anliegen (rea-les Problem), das bei den Schülerinnen und Schülern Betroffenheit auslöst und zum Handeln motiviert;
- mit der Aktion wird eine Problemlösung sowie eine Sensibilisierung der Öffentlichkeit für dieses Problem angestrebt.

Gemeinsame Erlebnisse, welche die Interessen, die Fantasie, die körperlichen und emotionalen Kräfte ansprechen sowie eine Mitverantwortung anregen, sind also eine wichtige Grundlage bei der Werteerziehung. Zu echten (authentischen) Erfahrungen bedarf es aber zusätzlich noch einer gedanklichen Aufarbeitung der Gruppenerlebnisse bezüglich demokratischer Werte.

3.3 Überdenken des Handelns im Hinblick auf demokratische Werte und Normen

Erst nach einer gedanklichen Aufarbeitung (Reflexion) der gemeinsamen Erlebnisse bezüglich der akzeptierten demokratischen Werte (z. B. friedliches Zusammenleben) kommt es zu echten (authentischen) Erfahrungen, die eine bewusste Verhaltensänderung in den Gruppen und damit auch des Einzelnen im Hinblick auf ein Leben von Demokratie im Alltag bewirken können (vgl. Gerr 2014, S. 42).

Für **John Dewey**, den wohl bedeutendsten Vertreter des philosophischen Pragmatismus, sind demokratische Erfahrungen die Grundlage der Erziehung (vgl. Oelkers 1993, S. 503). In seinem Hauptwerk „Demokratie und Erziehung" (1993) spricht J. Dewey von **„geteilter Erfahrung"** (vgl. S. 121), die zu „Sinngehalten" führt (vgl. S. 33 f.) und eine „Veränderung bewirkt" (vgl. S. 187). Demokratische Erziehung verwirklicht sich also durch das **gemeinsame Leben von Demokratie**.

Demokratische Erfahrungsprozesse haben einen dynamischen Charakter. Bei der gedanklichen Auseinandersetzung mit den gemeinsamen und individuellen Erlebnissen werden Werte als veränderbar erfahren. „Das selbständige Überprüfen der eigenen Werthaltung verhindert aufgrund weiterer Erfahrungsprozesse eine rigide Übernahme von Werten und Normen" (Gerr 2000, S. 153).

Im Hinblick auf eine Förderung selbständiger Wertebildung sollte deshalb der „Tag der Inklusion" Möglichkeiten bieten, eigene Erfahrungen im Umgang mit anderen und deren Wertauffassungen zu gewinnen. Bei einer selbständigen Auseinandersetzung mit den eigenen Erfahrungen verinnerlichen Heranwachsende die für sie persönlich wichtigen demokratischen Werte (vgl. **Tausch/Tausch** 1979, S. 81 f.). Möglichkeiten zu einem solchen, auf demokratische Werte bezogenen Erfahrungsaustausch sind vor allem in einem vorwiegend offenen Schulleben gegeben.

Die individuelle Bildung von Werten unterliegt einem kontinuierlichen Prozess. Kinder sind zu einer kritischen Reflexion ihres Handelns auf der Grundlage von selbständig gebildeten demokratischen Werten noch nicht in der Lage. In der Psychologie unterscheidet man zwei Entwicklungsstadien der Moral:

- **Stadium der heteronomen Moral:**

  Kinder in diesem Stadium sind aufgrund der noch fehlenden Erfahrungen nicht fähig, auf Werte bezogene Entscheidungen selbständig zu treffen. Sie orientieren sich deshalb an den Erwartungen der Bezugspersonen (Eltern, Erzieherinnen, Grundschullehrerinnen); deren Wertauffassungen werden meist unreflektiert übernommen. Auch wenn Kinder im Stadium der heteronomen Moral noch nicht zu einer Wertereflexion im eigentlichen Sinne fähig sind, so können z. B. nach einem Spiel Bewusstseinsprozesse über die Wahrnehmungen und Erlebnisse angeregt werden und die Kinder für ein Verhalten (z. B. Hilfsbereitschaft), das demokratischen Werten entspricht, sensibilisiert werden. Sie gewinnen auch klarere Vorstellungen von den abstrakten Wertbegriffen und Regeln. Das Vorleben demokratischer Werte durch Praktizierung eines **demokratischen Leitungsstils** (Entgegen–bringen von Wärme, Wertschätzung, Achtung etc.) ist aufgrund des **Wahrnehmungslernens** von Bedeutung (vgl. Tausch/Tausch 1979).

- **Stadium autonomer Moral:**

  Im Laufe der weiteren Entwicklung kommt es zu einer Ablösung von den Eltern und zu einer „Lockerung der autoritativen Bindung" (vgl. **Gehlert** 1974, S. 142). Entscheidungen werden schließlich auf der Grundlage einer selbständig gebildeten Wertauffassung getroffen und „tradierte Werte einer kritischen Prüfung unterzogen (vgl. Gerr 2000, S. 151). Bei der persönlichen Bildung der Werte spielen vor allem die Erfahrungen in der **Gleichaltrigengruppe** (Peergroup [11]) eine große Rolle.

Zusammenfassend kann gesagt werden, dass eine erfolgreiche pädagogische Begleitung der Schülerinnen und Schüler auf ihrem Weg zu einem demokratischen Zusammenleben von der Anregung abhängt, die Unternehmungen nach den Grundsätzen einer **Handlungs-, Wert- und Reflexionsorientierung** zu gestalten.

---

[11] **Der Begriff „Peergroup" geht auf den amerikanischen Soziologen Charles H. Cooley (1864 – 1929) zurück. „Primärgruppen" sind Gruppen von Gleichberechtigten; sie sind für die informelle Bildung und Sozialisation von Bedeutung.**

4. Abschließende Gedanken zur Demokratiepädagogik und zum „Inklusionstag"

Der Autor möchte mit seiner, in den Jahren 2014 bis 2015 entwickelten pädagogischen Konzeption „DEMOKRATIE LEBEN" zu einer Förderung des gesellschaftlichen Zusammenhalt beitragen. Die frühen Lernprozesse spielen dabei eine wesentliche Rolle; deshalb sollte mit dem Leben von Demokratie schon in den Kitas begonnen werden. Das Verwirklichen von Demokratie im Schulleben sieht er als wichtigen Bildungsauftrag in der gegenwärtigen gesellschaftlichen Situation.

Durch eine permanente und systematische **Förderung der Demokratie** als „Form des Zusammenlebens" im Sinne von John Dewey (1993) sieht er eine Chance, aktuellen Problemen wie der bestehenden Gewaltbereitschaft, der Radikalisierung von religiös, politisch oder weltanschaulich beeinflussten Gruppen oder einer weiteren Zerstörung der natürlichen Lebensgrundlagen vor Ort durch ein handlungsorientiertes Erfahrungslernen entgegenzuwirken.

Zwar existieren in der Bundesrepublik Deutschland bereits einige Schulen, an denen das demokratiepädagogische Konzept eines **Schülerparlaments**, das sich aus den gewählten Klassensprecherinnen bzw. Klassensprechern zusammensetzt, verwirklicht wird, ein solches Lernen nach demokratischen Grundsätzen ist aber immer noch kein durchgängiges Prinzip an allen Schulen.

Eine demokratische Mitbestimmung der Schülerinnen und Schüler bei allen schulischen Entscheidungen über ein gewähltes Schülerparlament sollte im Schulalltag zur Regel werden. Die in den Klassen gewählten Delegierten (**Klassensprecher**) könnten auch über die Durchführung von gemeinsamen Schulprojekten mitentscheiden. An öffentlichen Schulen mit demokratischen Strukturen erfahren Schülerinnen und Schüler die Bedeutung demokratischen Handelns.

Gleichzeitig findet eine systematische Förderung von demokratischen Fähigkeiten wie der Handlungskompetenz oder das authentische Vertreten eigener Interessen und Wünsche statt. Zudem wird auch noch die **Mitverantwortung für das eigene Lernen** gefördert.

Wenn Schülerideen und ihre Anregungen zur Gestaltung des Schullebens an den öffentlichen Schulen Verwirklichung finden, eröffnen sich Chancen für das Erlernen der **Demokratie als Form des Zusammenlebens** (vgl. Gerr 2018, S. 85).

Zusätzlich zum Konzept des Schülerparlaments, bei dem bei Entscheidungen für die ganze Schule (Projekte etc.) den Schülerinnen und Schülern ein Mitspracherecht eingeräumt wird, empfiehlt der Verfasser eine **demokratische Organisation der Klassengemeinschaften**, die sich am **Kleingruppensystem** der internationalen „World Organization of the Scout Movement" (WOSM – Weltorganisation der Pfadfinderbewegung) orientiert (vgl. Gerr 2018, S. 87):

Eine demokratische Struktur in einer Klassengemeinschaft kann durch Bildung von mehreren Kleingruppen von fünf bis acht Schülerinnen und Schülern erreicht werden.

Die Kleingruppen, die sich freiwillig zusammenschließen, sollten im Hinblick auf eine gruppendynamische Arbeit relativ feste Gemeinschaften bilden und auf demokratischem Wege einen **Gruppensprecher** wählen. Die Wünsche, Interessen, Bedürfnisse und Vorschläge der Kleingruppenmitglieder hinsichtlich des geplanten gemeinsamen Klassenprojekts werden durch die gewählten Gruppensprecher im **Klassenrat** eingebracht. Dem Klassenrat gehören neben den Gruppensprechern auch die erwachsenen pädagogischen Begleiterinnen und Begleiter/Lernbegleiterinnen und Lernbegleiter (Lehrkräfte, Pädagogische Assistenten) an.

Im Klassenrat können Möglichkeiten des Projekthandelns überlegt und konkrete Schritte der Verwirklichung vorgeschlagen werden. Bei der Planung werden die Ideen und Vorschläge der Kleingruppenmitglieder durch die Gruppensprecherinnen/Sprecher vertreten.

In einer **Klassenversammlung**, der alle Schülerinnen und Schüler sowie die pädagogischen Begleiter (Lernbegleiterinnen) angehören, kann dann auf **demokratischem Weg über die eingebrachten Vorschläge abgestimmt** und mit den Planungen des Vorhabens begonnen werden.

Projektorientiertes Arbeiten im Klassenverband kann so zur Grundlage für die Förderung demokratischen Verhaltens werden.

Wie schon betont, sollte dabei den **pädagogischen Begleiterinnen und Begleitern** (Lehrerinnen und Lehrern) im Hinblick auf eine Vermeidung von gefährlichen Aktionen oder bezüglich möglicher Misserfolge beim Projekthandeln ein Vetorecht eingeräumt werden.

Bei einem Kleingruppensystem mit den Institutionen des Klassenrats und der Klassenversammlung kann ein demokratischen Abgeordnetensystem verwirklicht und gleichzeitig ein basisdemokratisches Verhalten eingeübt werden. Eine solche Arbeitsweise könnte bei Kindern und Jugendlichen demokratische Lernprozesse fördern (vgl. Gerr 2014, S. 57).

Das Zusammenspiel der Kleingruppen im Klassenverband bei der Durchführung von Klassenprojekten[12] kann sich auch mit einem gemeinsamen Klassenunterricht oder Übungseinheiten in Frei-, Partner- oder Gruppenarbeit abwechseln. Ein Zusammen- und Voneinanderlernen steht dabei im Vordergrund.

Diese **demokratische Organisationsform** des (pfadfinderischen) Kleingruppensystems könnte auch bei den überschulischen Projekten an den Inklusionstagen verwirklicht werden (Projektgruppen mit gewählten Projektsprecherinnen – Projektrat mit Projektsprechern und erwachsenen Begleitern – Projektversammlung mit allen Projektteilnehmerinnen).

Ein solches demokratisches Projekthandeln an den Projekttagen, an denen regelmäßig demokratische Werte gemeinsam gelebt werden und von allen über die Durchführung der Projekte entschieden wird, würde mit Sicherheit positive Auswirkungen auf die Demokratisierung des Schulwesens haben.

Da alle örtlichen Schulen am Inklusionstag beteiligt sein sollten und deshalb auch Kinder und Jugendliche mit verschiedenen Behinderungen dabei sind, kann dieser Tag auch zu einer wertvollen **Erfahrungsquelle für das inklusive Lernen** werden; es können praxisrelevante Wege gefunden werden, um die gegenwärtigen Probleme bei der Verwirklichung der Inklusion zu beseitigen oder zu entschärfen.

---

[12] **Auf die Bedeutung des Projekthandelns für die Förderung der Demokratiefähigkeit hat der Verfasser in seiner Schrift „Demokratie leben lernen und Projekthandeln" (2018) hingewiesen; hier sind auch praktische Anregungen zur Durchführung von Projekten zu finden.**

Auch für Kinder und Jugendliche aus den Flüchtlingsfamilien wäre ein solches pädagogisch gestaltetes Schulleben eine wirkungsvolle Hilfe zur gesellschaftlich-sozialen Teilhabe.

Die Notwendigkeit einer Einführung des Lernbereiches „demokratisches Lernen" ergibt sich also sowohl aus der gesellschaftlichen Situation als auch aufgrund des im Grundgesetz der Bundesrepublik Deutschland (GG) verankerten Demokratieprinzips sowie der Entsprechung der in der „Allgemeinen Erklärung der Menschenrechte" (1948) genannten Bildungsziele.

Im Hinblick auf eine praktische Umsetzung der pädagogischen Konzeption „Demokratie leben" müssten wegen der Kulturhoheit der Bundesländer unterschiedliche organisatorische Regelungen getroffen werden. Um geeignete Rahmenbedingungen zur systematischen Erziehung zur Demokratie zu schaffen, sind gegebenenfalls bestimmte Verordnungen und gesetzliche Regelungen zu ändern. **Der „Inklusionstag" müsste als schulische Veranstaltung an einem Wochentag seinen festen Platz haben.**

Demokratie als „Form des Zusammenlebens" im Sinne von John Dewey ist immer entwicklungsbedürftig und bleibt deshalb auch eine permanente Erziehungsaufgabe in Familien, Schulen und Bildungsinstitutionen.

„Gelebte Demokratie", die in einer „aktiven Mitverantwortung für die Mitmenschen und die Mitwelt" zum Ausdruck kommt (vgl. Gerr 2014, S. 17), schließt jegliche Form einer Gewaltanwendung aus. Eine Einführung des Unterrichtsprinzips und des Lernbereiches **„Demokratie leben"** als Wahlpflichtbereich könnte nicht nur zur Lösung des gesellschaftlichen Gewaltproblems beitragen und religiöser Intoleranz vorbeugen, sondern es könnte sich auch eine Perspektive eröffnen, dass in unserer multikulturellen Gesellschaft **demokratische Werte** wie Freiheit, Frieden und Gerechtigkeit gelebt sowie die allgemeinen Menschenrechte mehr geachtet würden.

Zudem bestünde die Chance, dass eine Generation von Politikern heranwächst, die vorwiegend zum Wohle der Menschen handelt und weniger im Dienste des Profitstrebens großer Konzerne steht.

Literaturverzeichnis
(einschließlich weiterführender Literatur)

1. Verwendete Literatur

Ayres, A. J.: Bausteine der menschlichen Entwicklung. Berlin-Heidelberg-New York-Tokyo 1984.

Bandura, A.: Lernen am Modell. Stuttgart 1976.

Becker, A.; Conolly- Smith, E.: du – ich – wir. Handbuch der emotionalen und sozialen Erziehung. Ravensburg 1976.

Blättner, F.: Geschichte der Pädagogik. Heidelberg 1972.

Bohnsack, E.: John Dewey (1859-1952). In: Scheuerl, H. (Hrsg.): Klassiker der Pädagogik II. München 1979. S. 85—102.

Dewey, J.: Erziehung durch und für Erfahrung. Eingeleitet, ausgewählt und kommentiert von Helmut Schreier. Stuttgart 1986.

Dewey, J.: Demokratie und Erziehung (1916). Weinheim und Basel 1993.

Daublebsky, B.: Spielen in der Schule. Vorschläge und Begründungen für ein Spielcurriculum. Stuttgart 1980.

Finger-Trescher, U.: Die Gruppe als schulisches Lernfeld. Methodisches Arbeiten im Netzwerk der Gruppe. In: Schäfer, G. E. (Hrsg.): Soziale Erziehung in der Grundschule. Weinheim und München 1994. S. 93-105.

Fölling-Albers, M.: Leben in zunehmender Vereinzelung. Herausforderungen für die Grundschule. In: Faust-Siehl, G; Schmitt, R; Valtin, R. (Hrsg.): Kinder heute – Herausforderung für die Schule. Frankfurt/M. 1990. S. 138-149.

Foster, J. Aktives Lernen. Konzeption des entdeckenden Lernens im Primarbereich. Ravensburg 1974.

Frey, K.: Die Projektmethode. Weinheim und Basel 1984.
Frey, K.: Die Projektmethode: Der Weg zum bildenden Tun. Weinheim und Basel 2007.

Fürntratt, E.: Angst und instrumentelle Aggression. Weinheim und Basel 1974.

42

Galtung, J.: Strukturelle Gewalt. Reinbek 1975.

Gehlert, S.: Die Entwicklung des moralischen Bewusstseins und Verhaltens. In: Weber, E. (Hrsg.): Zur moralischen Erziehung in Unterricht und Schule. Donauwörth 1974. S. 128-157.

Gerr, H. E.: Aspekte zur Kreativitätsförderung in Grund- und Hauptschulen. In: „unterrichten/erziehen" („u/e") Nr. 2/1986. S. 7-14.

Gerr, H. E..: Aggressives Verhalten als Erziehungsproblem – schon in der Grundschule? In: Lehrerjournal-Grundschulmagazin Nr. 4/1987. S. 4-7.

Gerr, H. E.: Projektorientierter Unterricht. In: Lehrerjournal-Grundschulmagazin Nr. 5/1988. S. 2-5.

Gerr, H. E.: Offener Unterricht. In: Lehrerjournal-Grundschulmagazin Nr. 7-8/1989.

Gerr, H. E.: Zur Bedeutung des spielerischen Lernens in der Wölflingsstufe. In: Scouting Nr. 1/1989 - 3/1989 (Artikelserie).

Gerr, H. E.: Erziehung zur Gewaltfreiheit. In: Scouting Nr. 4/1990. S. 6-9.

Gerr, H. E.: Von geschlossenen zu offenen Lernformen. In: Lehrerjournal-Grundschulmagazin Nr. 2/1991. S. 4-7.

Gerr, H. E.: Bedeutung und Formen des Erkundungslernens. In: Scouting Nr. 4/1991. S. 8-10.

Gerr, H. E.: Pfadfinden. Erziehungsziele, pädagogische Grundsätze und bedürfnisorientierte Arbeit in den Altersstufen. Baunach 1998.

Gerr, H. E.: Die Pfadfindermethode. Zur Aktualität pfadfinderischer Erziehungsgrundsätze. Praxisbeispiele und Handlungsformen. Baunach 2000.

Gerr, H. E.: Einführung in die Pfadfinderpädagogik (2. Auflage). München 2009.

Gerr, H. E.: Zur Aktualität des Pfadfindens – dargestellt an der Erziehung zur „Demokratie als Lebensform". In: Jürgen Reulecke (Hrsg.): Hundert Jahre Pfadfinden in Deutschland. Schwalbach/Taunus 2010. S. 214-222.

Gerr, H. E.: Pfadfinden – Weg einer Selbsterziehung zum wertorientierten Handeln. Hamburg 2014.

Gerr, H. E.: Erziehung zum gewaltfreien Handeln. München 2015a (1. Aufl. 2014).

Gerr, H. E.: Aspekte zur Förderung der Kreativität im Unterricht. München und Ravensburg 2015b (1. Aufl. 2008).

Gerr, H. E.: DEMOKRATIE LEBEN: Aspekte zur Entwicklung einer pädagogischen Konzeption zur systematischen Förderung demokratischen Lernens. München 2015.

Gerr, H. E.: Demokratie leben lernen und Projekthandeln. Einführung in die Demokratiepädagogik. München 2018 (3., erw. Aufl.).

Gerr, H. E.: Pädagogisches Handeln in der Jugendarbeit und Förderung von Demokratiefähigkeit. Eine Darstellung am Beispiel der Jugenderziehung bei Gustav Wyneken und Robert Baden-Powell (nicht veröffentlichtes Manusikript). o. O., o. J.

Gordon, Th.: Lehrer-Schüler-Konferenz. Wie man Konflikte in de Schule löst. Reinbek 1985.

Hänsel, D.: Was ist Projektunterricht, und wie kann er gemacht werden? In: Hänsel, D. (Hrsg.): Das Projektbuch Grundschule. Weinheim und Basel 1986. S. 15-47.

Hielscher, H.: Geplante Sozialerziehung im Kindesalter. In: Soziales und emanzipatorisches Lernen. Beiträge zur Reform der Grundschule 22/23. Frankfurt 1975.

Kasper, H.: Offener Unterricht an englischen Schulen – eine Alternative? In: Kasper, H.; Piechorowski, A. (Hrsg.): Offener Unterricht an Grundschulen. Berichte englischer Lehrer. Ulm 1978. S.

Knörzer, W.; Grass, K.: Einführung Grundschule. Geschichte – Auftrag – Innovation. Weinheim 1998.

Knoll-Jokisch, H. (Hrsg.): Sozialerziehung und soziales Lernen in der Grundschule. Bad Heilbrunn 1981.

Krappmann, L.; Oswald, H.: Freunde, Gleichaltrigengruppen, Geflechte. In: Fölling-Albers, M. (Hrsg.): Veränderte Kindheit – Veränderte Grundschule. Frankfurt/M. 1989. S. 94-102.

Montada, L.: Die geistige Entwicklung aus der Sicht Jean Piagets. In: Oerter, R.; Montada, L. (Hrsg.): Entwicklungspsychologie. München-Weinheim 1987. S. 413-462.

Neber, H. (Hrsg.): Entdeckendes Lernen. Weinheim 1973.

Nuber, F. (Hrsg.) Informeller Unterricht – Modelle für die Grundschule. München-Wien-Baltimore 1977.

Oelkers, J.: Dewey in Deutschland – ein Missverständnis. Nachwort zur Neuausgabe (1993). In: Dewey, J.: Demokratie und Erziehung. Weinheim und Basel 1993. S. 497-517.

Oerter, R.: Kindheit. In: Oerter, R.; Montada, L. (Hrsg.): Entwicklungspsychologie. München-Weinheim 1987. S. 204-264.

Piaget, J.: Theorien und Methoden der modernen Erziehung. Frankfurt 1974.

Rousseau, J. J.: Vom Gesellschaftsvertrag oder Grundsätze des Staatsrechts. Herausgegeben und übersetzt von Hans Brockard. Stuttgart 1977.

Reble, A.: Geschichte der Pädagogik. Stuttgart 2016 (22. Aufl.).

Schäfer, G. E. (Hrsg.): Soziale Erziehung in der Grundschule. Rahmenbedingungen, soziales Erfahrungsfeld, pädagogische Hilfen. Weinheim und München 1994.

Schaeffer, B.: Zur Definition des sozialen Lernens. In: Knoll-Jokisch, H. (Hrsg.): Sozialerziehung und soziales Lernen in der Grundschule. Bad Heilbrunn 1981. S. 11-25.

Schenk-Danzinger, L.: Entwicklungspsychologie. Wien 1977.

Sekretariat der Deutschen Bischofskonferenz (Hrsg.): Europäische Ökumenische Versammlung. Frieden in Gerechtigkeit. Basel, 15.-21. Mai 1989. Das Dokument. Bonn 1989.

Selman, R.: Interpersonale Verhandlungen. Eine entwicklungstheoretische Analyse. In: Edelstein, W.; Habermas, J. (Hrsg.): Soziale Interaktion und soziales Verstehen. Frankfurt 1984. S. 113 ff.

Shaftel, F. R.; Shaftel, G.: Rollenspiel im Dienste sozialer Werte. Kinder lernen sich zu entscheiden. In: Kochan, B. (Hrsg.): Rollenspiel als Methode sprachlichen und sozialen Lernens. Kronberg 1976. S. 49-82.

Spiecker, R.: Der Ungeheuere und die Abenteurer. Zur Idee des Pfadfindertums. Düsseldorf 1964.

Tausch, R.; Tausch, A.: Erziehungspsychologie. Begegnung von Person zu Person. Göttingen 1979.

Weber, E.: Emotionalität und Erziehung. In: Oerter, R.; Weber, E. (Hrsg.): Der Aspekt des Emotionalen in Unterricht und Erziehung. Donauwörth 1975. S. 69-125.

2. Weiterführende Literatur

2.1 Abenteuerpädagogik – Erlebnispädagogik (Auswahl):

Baig-Schneider, R.: Die moderne Erlebnispädagogik. Geschichte, Merkmale und Methodik eines pädagogischen Gegenkonzepts. Augsburg 2012.

Bauer, H. G. (Hrsg.): Erlebnis- und Abenteuerpädagogik. Eine Entwicklungsskizze. München 2001.

Fischer, T.; Lehmann, J.: Studienbuch Erlebnispädagogik. Regensburg 2009.

Fischer, T.; Ziegenspeck, J. W. : Handbuch Erlebnispädagogik. Von den Ursprüngen bis zur Gegenwart. Bad Heilbrunn 2000.

Gilsdorf, R.: Abenteuer Schule. Augsburg 2004

Heckmair, B.; Michl, W.: Erleben und Lernen. Einführung in die Erlebnispädagogik. München 2012.

Hornfeldt, H. G. (Hrsg.): Erlebnispädagogik. Geschichtliches – Räume und Adressat(inn)en – Erziehungswissenschaftliche Facetten – Kiritisches. Hohengehren 1995.

Paffrath, F. H.: Einführung in die Erlebnispädagogik. Augsburg 2012.

Reiners, A.: Erlebnis und Pädagogik. München 1995.

Saudhof, K.; Stumpf, B.: Mit Kindern in den Wald. Wald-Erlebnis-Handbuch. Planung, Organisation und Gestaltung. Münster 2009.

Schwarz, K.: Die Kurzschulen Kurt Hahns. Ratingen 1968.

Senninger, T.: Abenteuer leiten, in Abenteuern lernen. Methodenset zur Planung und Leitung kooperativer Lerngemeinschaften in Schule, Jugendarbeit und Betrieb. München 2004.

Vent-Schmidt, A.: Erlebnispädagogik in der Schule. Die Konzeption erlebnispädagogischer Unterrichtsstunden und Projekte. Hamburg 2014.

Ziegenspeck, J.: Lernen für's Leben – Lernen mit Herz und Hand. Lüneburg 1986.

Ziegenspeck, J.: Erlebnispädagogik. Rückblick – Bestandsaufnahme – Ausblick. Lüneburg 1992.

2.2 Demokratiepädagogik (Auswahl)

Banz, K.; Beutel, W.; Förster, M.; Schindler, J. (Hrsg.): Geflüchtete in der Lehrerbildung: Miteinander Demokratie lernen. Frankfurt a. M. 2020.

Beutel, W.: „Demokratie lernen und leben" - Halbzeitkonferenz des BLK-Modellprogramms für eine demokratische Schule. Frankfurt a. M. 2005 (Online-Ressource).

Beutel, W.; Fauser, P. (Hrsg.): Demokratie erfahren: Analysen, Berichte und Anstöße aus dem Wettbewerb „Förderprogramm Demokratisch Handeln". 'Schwalbach/Ts. 2013.

Beutel, W.; Gloe, M.; Himmelmann, G.; Lange, D.; Reinhardt, V.; Seifert, A. (Hrsg.): Handbuch Demokratiepädagogik. Stuttgart 2022.

Bokelmann, O. (Hrsg.): Demokratiepädagogik. Theorie und Praxis der Demokratiebildung in Jugendhilfe und Schule. Eine explorativ-empirische Untersuchung der Aneignung demokratische Kompetenzen. Wiesbaden 2023.

Edelstein, W.; Frank, S.; Sliwka, A. (Hrsg.): Praxisbuch Demokratie-pädagogik. Sechs Bausteine für die Unterrichtsgestaltung und den Schulalltag. Weinheim und Basel 2009.

Edelstein, W. (Verfasser); Beutel, W. (Hrsg.): Demokratiepädagogik und Schulreform. Schwalbach/Ts. 2014.

Friedrichs, W.; Lange, D. (Hrsg.): Demokratiepolitik. Vermessungen – Anwendungen – Probleme – Perspektiven. Wiesbaden 2016.

Reinhardt, V.; Beutel, W.: Demokratiepädagogik: Wochenschau Sonderausgabe 2014. [Schwalbach/Ts.] 2024.

Weitere Publikationen und Materialien zur Demokratiepädagogik:
Deutsche Gesellschaft für Demokratiepädagogik e. V.
Müllerstr. 156 a,
13353 Berlin
(E-Mail: info@degede.de)

2.3 Projektunterricht (Auswahl):

Aperl, H. J.; Knoll, M.: Aus Projekten lernen. Grundlegung und Anregungen. München 2001.

Bastian, J. u. a.: Theorie des Projektunterrichts. Hamburg 2009.

Dewey, J.: Der Ausweg aus dem pädagogischen Wirrwarr (1931). In: Dewey, J.: Kilpatrick, W. H.: Der Projekt-Plan. Grundlegung und Praxis. Weimar 1935. S. 85-101.

Dewey, J.: Die Quellen einer Wissenschaft von der Erziehung. In: Dewey, J.; Kilpatrick, W.H.: Der Projekt-Plan. Grundlegung und Praxis. Weimar 1935. S. 102-141.

Dewey, J.; Kilpatrick, W. H.: Der Projekt-Plan. Grundlegung und Praxis. Weimar 1935.

Duncker, L.; Götz, B. Projektunterricht als Beitrag zur inneren Schulreform. Langenau 1988.

Emer, W.; Lenzen, K. D.: Projektunterricht gestalten – Schule verändern. Hohengehren 2002.

Frey, K.: Die Projektmethode. Der Weg zum bildenden Tun. Weinheim 2012.

Gudjons, H.: Handlungsorientiert lehren und lernen. Schüleraktivierung - Selbsttätigkeit – Projektarbeit. Bad Heilbrunn2008.

Hänsel, D.: Der Projektunterricht. Weinheim 1999.

Kilpatrick, W. H.: Die Projekt-Methode. Die Anwendung des zweckvollen Handelns im pädagogischen Prozess (1918). In: Dewey, J.; Kilpatrick, W. H.: Der Projekt-Plan. Grundlegung und Praxis. Weimar 1935. S. 161- 179.

Klein, K.: Lernen mit Projekten. In der Gruppe planen, durchführn, präsentieren. Mühlheim an der Ruhr 2008.

Nohl, F.: Der Projektunterricht. Grundlagen, Materialien, Bewertung (5. bis 10. Klasse). Hamburg 2014.

Traub, S.: Projektarbeit erfolgreich gestalten. Über individualisiertes, kooperatives Lernen zum selbstgesteuerten Kleingruppenprojekt. Bad Heilbrunn 2012.

2.4 Spielpädagogik – Spiel (Auswahl):

Büttner, C.: Spiele gegen Streit, Angst und Not. Spielpädagogik und soziales Lernen. Waldkirch 1993.

Cornell, J.: Mit Cornell die Natur erleben. Naturerfahrungsspiele für Kinder und Jugendliche – Sammelband. Mühlheim an der Ruhr. 2006.

Daublebsky, B.: Spielen in der Schule. Vorschläge und Begründungen für ein Spielcurriculum. Stuttgart 1980.

Fritz, J. (Hrsg.): Rallyes bei Tag und Nacht. Spielketten für Kinder und Jugendliche. Mainz 1998.

Fritz, J. (Hrsg.): Abenteuerliche Erlebnisspiele. Spielketten für Kinder und Jugendliche. Mainz 1998.

Fritz, J. (Hrsg.): Meditations- und Wahrnehmungsspiele in der Natur. Spielketten für Kinder und Jugendliche. Mainz 1998.

Gilsberg, R.; Kistner, G.: Kooperative Abenteuerspiele. Freiburg 2015.

Heimlich, U.: Einführung in die Spielpädagogik (4., aktualisierte Auflage). Bad Heilbrunn 2023.

Hirling, H. Das große Buch der 1000 Spiele. Für Freizeit, Kinder- und Jugendarbeit. Freiburg 2006.

Kaderli, M. u. a.: Geländespiele. Spielprojekte für Stadt, Wald und Wiese. Kriens 2007.

Kube, K.: Spieldidaktik. Berlin 1994.

Mehringer, V.; Waburg, W. (Hrsg.): Spielzeug, Spiele und Spielen. Aktuelle Studien und Konzepte. Wiesbaden 2020.

Rademacher, H.; Wilhelm, M.: Spiele und Übungen zum interkulturellen Lernen. Berlin 2009.

Wannack, E.; Arnaldi, U.; Schütz, A.: Das freie Spiel im Kindergarten – eine theoretische und didaktische Herausforderung für die Lehrerbildung. In: Journal für Lehrerinnenbildung, 8 (2008) 2, S. 63-67-

Sachregister

Abenteuer(pädagogik) 28

Bedürfnisorientieung 20, 24

Demokratie (Begriff) 10 ff.
Demokratie als Lebensform (Demokratie leben) 4 f., 9 ff., 16 ff., 23, 28,
35, 38 f.
Demokratie als Staatsform 10 f.
Demokratiefähigkeit (Kompetenzen)
15 ff.
Demokratische Werte 9, 12f., 21 ff.,
32 ff.

Empathie 17 f., 19
Erfahrung, geteilte 36
Erfahrungslernen 20, 25, 31
Erkundung 16, 26 f.
Erlebnispädagogik 22, 28
Erziehungsstil (demokratischer) 12
Erziehungsgrundsätze 20 ff.

Gesellschaftsvertrag 10 f.
Gewalt, personale 5, 14
Gewalt, strukturelle 5, 14
Gruppenarbeit 23 ff., 28, 39 f.

Handlungsmodell „Demokratie
leben" (Schema) 16
Handlungsorientierung 15, 22, 32, 35,
37

Inklusionstag (Inclusion Day) 4, 8f.,
13 f., 20 f., 24 ff., 30 f., 38 f.
Internalisierung 16, 25, 35

Klassenrat 39 f.
Klassenversammlung 39 f.
Kleingruppensystem 39 f.

Lernen (interkulturelles) 16, 23

Moral, heteronome 37
Moral, autonome 37

Naturstreife 27

Pädagogisches Begleiten 12, 20, 39
Peergroup 37
Projekt 29 ff.
Projekt (Struktur/Schema) 30
Projekthandeln 28 ff.
Projektphasen 29 ff.

Quiz 27

Reflexionsorientierung 23, 25 ff., 29,
33, 39 f.

Schlüsselerlebnisse 35
Schülerparlament 38 f.
Sozial-emotionale Kompetenzen 16 f.
Spiele 25 ff.
    Gruppenspiele 25,
    Kontaktspiele 25
    Regelspiele 16, 25
    Rollenspiel 23, 28
    Stadtspiel 27
    Stationsspiel 27
    Teamspiele 25

Verhaltensregeln 32 ff.
Volkssouveränität 11

Wahrnehmungslernen 12, 37
Wahrnehmungsfähigkeit 17, 23
Wertorientierung 32 f. 37
Wert-/Reflexions-/Handlungs-
orientierung (Schema) 33
W-Fragen 31

Glossar

anthropozentrisch	den Menschen in den Mittelpunkt setzend
authentisch	echt
CETA	Comprehensive Economic and Trade Agreement (Umfassendes Wirtschafts- und Handelsabkommen) - mit Kanada
Dimension	Ausdehnung
Egozentrismus	Ichbezogenheit
emotional	gefühlsbetont
Empathie	Fähigkeit, sich in andere hineinzuversetzen
ethnologisch	die Völkerkunde (Kultur etc.) betreffend
exemplarisch	beispielhaft
Exploration	Erforschung, Erkundung
Interaktion	Wechselbeziehung
interaktionell	die Wechselbeziehung betreffend
Internalisierung	Verinnerlichung
Kommunikation	Verbindung
Komponente	Bestandteil eines Ganzen
Konvention	Absprache, Abkommen
Kooperation	Zusammenarbeit
Metainteraktion	Aufarbeiten der Interaktion
Motivation	Beweggründe, die das Handeln bestimmen
Multisensorisches Lernprinzip	Grundsatz vielsinnigen Lernens
Normen	Verhaltensweisen
NSA	National Security Agency (Nationale Sicherheitsbehörde)
optisch	das Sehen betreffend

Peergroup	Gleichberechtigtengruppe
Perspektive	hier: Aussicht
reflektieren	nachdenken, erwägen
Scharia	religiöses Gesetz im Islam
Sensibilisierung	die Empfindlichkeit steigern
sensibel	empfindsam
Sensitivität	Gefühlszartheit
sensomotorisch	durch Reize bedingtes Aktivsein bezüglich der Sinne und Bewegungen
Solidarität	Gemeinsinn, Zusammengehörigkeitsgefühl
Sozialisierung	Entwicklung der Persönlichkeit zur Annahme der gesellschaftlichen Werte und Normen
Strategie	geplantes Vorgehen
strukturell	die Gliederung betreffend
Sunna	Verhaltens-, Lebensweise nach islamischer Rechtswissenschaft
taktil	den Tastsinn betreffend
TISA	Trade and Services Agreement
TTIP	Transatlantic Trade and Investment Partership (Transatlantisches Freihandelsabkommen)
WOSM	World Organization of the Scout Movement (Weltorganisation der Pfadfinderbewegung)

Der Autor

Hans E. Gerr
* 29. Juli 1937

Hochschulabschlüsse und Staatsprüfungen:
- Erste Prüfung für das Lehramt an Volksschulen an der Pädagogischen Hochschule Heidelberg, 1963;
- Zweite Prüfung für das Lehramt an Volksschulen, 1966;
- Fachwissenschaftliche Prüfung für das Lehramt an Sonderschulen an der Ludwig-Maximilians-Universität München, 1974;
- Anstellungsprüfung der Sonderschullehrer, 1974:
- Diplom-Hauptprüfung für Pädagogen an der Julius-Maximilians-Universität Würzburg, 1977 (nebenberuflich);
- Promotion zum Dr. phil. im Hauptfach „Pädagogik" an der Julius-Maximilians-Universität Würzburg, 1981 (nebenberuflich).

Berufliche Tätigkeiten:
Bank-Kaufmann, Lehrer an Grund- und Hauptschulen, Sonderschullehrer und Schulleiterstellvertreter sowie hauptamtliche Dozententätigkeit an der Julius-Maximilians-Universität Würzburg.

55 Jahre ehrenamtliche Jugendarbeit und Erwachsenenbildung:
Von 1954 bis 2009: Ehrenamtliches Engagement in der kirchlichen und pfadfinderischen Jugendarbeit sowie Erwachsenenbildung (Aus- und Fortbildung von Jugendleiterinnen und Jugendleitern; Lehrerfortbildung).

Veröffentlichungen:
Aufsätze und Buchbeiträge:
Erziehungswissenschaftliche Publikationen, unter anderem zu den Themenbereichen „Projektunterricht", „Umgang mit Aggressionen", „Kreativitätsförderung" und „Offener Unterricht"; Veröffentlichung zahlreicher Aufsätze zur „Pfadfinderpädagogik", u. a. zu pfadfinderischen Erziehungsgrundsätzen, zu Handlungsformen, zu methodisch-didaktischen Aspekten, zur Arbeit in den verschiedenen Altersstufen und zu pädagogischen Einzelthemen.

Bücher (Monografien):

- **Pfadfindererziehung.** Baden-Powells Entwurf einer Erziehung durch Scouting. Einflüsse und Entwicklungstendenzen. Baunach 1983 (2. Aufl. 1996).

- **Pfadfinden.** Erziehungsziele, pädagogische Grundsätze und bedürfnisorientierte Arbeit in den Altersstufen. Baunach 1998.

- **Die Pfadfindermethode.** Zur Aktualität pfadfinderischer Erziehungsgrundsätze. Praxisbeispiele und Handlungsformen. Baunach 2000.

- **Einführung in die Pfadfinderpädagogik.** Ein Handbuch für Leiterinnen und Leiter. München und Ravensburg 2008 (2. Aufl. 2009). – Veröffentlicht auch als E-Book: ISBN 978-3-640-12221-9.

- **Aspekte zur Förderung der Kreativität im Unterricht.** München und Ravensburg 2008 (2. Aufl. 2015). – Veröffentlicht auch als E-Book: ISBN 978-3-640-19491-9.

- **Aspekte zur Entwicklung einer gerontagogischen Konzeption für eine Seniorenarbeit in den Kommunen.** München und Ravensburg 2010. – Veröffentlicht auch als E-Book: ISBN 978-3-640-58086-4.

- **Kreativität und Unterrichtsgestaltung.** Zur Förderung kreativen Verhaltens beim schulischen Lernen. Hamburg 2014. – Veröffentlicht auch als E-Book: ISBN 978-3-8428-4654-8.

- **Pfadfinden – Weg einer Selbsterziehung zum wertorientierten Handeln.** Hamburg 2014. – Veröffentlicht auch als E-Book: ISBN 978-3-95425-585-6.

- **Aktivitätsformen bedürfnisorientierten Pfadfindens.** München 2014. – Veröffentlicht auch als E-Book: ISBN 978-3-656-71797-3.

- **Grundsätze pfadfinderischer Selbsterziehung.** München 2014. – Veröffentlicht auch als E-Book: ISBN 978-3-656-72432-2.

- **Erziehung zum gewaltfreien Handeln.** München 2014 (2. Aufl. 2015). – Veröffentlicht auch als E-Book: ISBN 978-3-656-84793-9.

- **DEMOKRATIE LEBEN.** Aspekte zur Entwicklung einer pädagogischen Konzeption zur systematischen Förderung demokratischen Lernens. München 2015. - Veröffentlicht auch als E-Book: ISBN 978-3-668-07292-3.

- **Demokratie leben lernen und Projekthandeln.** Einführung in die Demokratiepädagogik. München 2018 (3., erweiterte Auflage). - Veröffentlicht auch als E-Book: ISBN 978-3-668-45447-7.

Im GRIN Verlag erschienen:
Hans E. Gerr, Einführung in die Pfadfinderpädagogik
(2. Aufl. 2009)
ISBN 978-3-640-12483-1

Inhalt:

PFADFINDEN möchte Kinder und Jugendliche zur Selbsterziehung anregen und dazu beitragen, dass sie als künftige Erwachsene ihr Leben nach demokratischen Werten und Grundsätzen gestalten. - Thematisiert werden u. a. Erziehungsziele und Grundsätze pfadfinderischer Selbsterziehung wie das „Erfahrungslernen", „die Orientierung an demokratischen Werten und Normen", das „Lernen in Kleingruppen", das „natürliche und gesunde Leben" und das „Leben einer Freundschaft zu allen Menschen". Weiterhin geht der Verfasser auf die erzieherische Bedeutung pfadfinderischer Handlungsformen ein und gibt abschließend einen Überblick über das Leben von Robert Baden-Powell, dem Gründer der weltweiten pfadfinderischen Erziehungsbewegung.

Im GRIN Verlag erschienen:
Hans E. Gerr, Aspekte zur Förderung der Kreativität im Unterricht
(2. Aufl. 2015)
ISBN 978-3-640-19506-0

Inhalt:

Nach einer grundlegenden theoretischen Einführung werden Aspekte wie „Motivation", „Unterrichtsstil" oder „Gruppenarbeit" im Hinblick auf eine Förderung der Kreativität thematisiert. Abschließend zeigt
der Verfasser beispielhaft an zwei Formen offenen Unterrichts auf,
wie das „didaktische Prinzip Kreativitätsförderung" im Schulleben
verwirklicht werden kann.

Im GRIN Verlag erschienen:
Hans E. Gerr, Erziehung zum gewaltfreien Handeln (2. Aufl. 2015)
ISBN 978-3-656-84794-6

Hans E. Gerr

Erziehung zum gewaltfreien Handeln

2. Auflage 2015

Inhalt:

Nach einer begrifflichen Klärung referiert der Verfasser Erklärungs-
modelle für das Entstehen von Aggressionen und geht auf die Proble-
matik von Gewaltdarstellungen in den Medien ein. Danach setzt er
sich unter anderem mit Möglichkeiten einer Gewaltprävention in der
Unterrichtspraxis auseinander und zeigt an Formen offener Unterrichtsarbeit Realisierungsmöglichkeiten auf.

Im GRIN Verlag erschienen:
Hans E. Gerr, Demokratie leben lernen und Projekthandeln
(3., erweiterte Aufl. 2018)
ISBN 978-3-688-45448-4

Hans E. Gerr

Demokratie leben lernen
und Projekthandeln

Einführung in die Demokratiepädagogik

3. erweiterte Auflage 2018

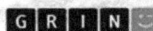

Inhalt:

Nach Klärung des pädagogischen Begriffs „Demokratie" in Anlehnung an John Dewey und der Erörterung der für ein Leben von Demokratie wichtigen Kompetenzen, kennzeichnet der Verfasser das Projekthandeln hinsichtlich seiner Bedeutung für die Förderung von demokratischen Lernprozessen. Danach setzt er sich mit Projektmerkmalen wie der „Offenheit" und der „Handlungs-, Wert- und Reflexionsorientierung" auseinander, zeigt Wege zum Projekthandeln im Unterricht auf und analysiert die Projektphasen im Hinblick auf das „Leben von demokratischen Werten". Im abschließenden Teil geht der Autor auf die Bedeutung einer systematischen Förderung der Demokratiefähigkeit ein und regt an, die von ihm dafür entwickelte pädagogische Konzeption „DEMOKKRATIE LEBEN" an den öffentlichen Schulen umzusetzen.